Rund ums Bier

Martina Tschirner

Wissenswertes & Rezepte

Hölker Verlag

5 4 3 2 1
ISBN 3-88117-725-6
Gestaltung: Niels Bonnemeier
Redaktion: Monika Römer

www.hoelker-verlag.de

Printed in China

Inhalt

Die Zutaten sind, falls nicht anders angegeben, für 4 Personen berechnet.

Vorwort

„Wenn ich so ein schönes, kühles Bier sehe, bekomme ich sofort Durst!“

Das war die Antwort meines Neffen Tim auf die Frage, warum er gern Bier trinkt. Andere von mir Befragte lieben den Gerstensaft zum Entspannen, so wie der TV-Journalist Helge, denn Wein ist ihm meist zu anstrengend. Meine Schwester erfrischt sich mit einem Bier nach dem Sport, Stefan zähmt damit seinen Kater nach feucht-fröhlichen Nächten (den niemand hat, der nur bei Bier bleibt …). Vielen schmeckt Bier natürlich auch ohne Grund, weil man den eigentlich gar nicht braucht. Denn Bier ist einfach etwas Gutes. Sonst wäre es wahrscheinlich auch nicht das am meisten konsumierte alkoholische Getränk Deutschlands. Und dank des legendären deutschen Reinheitsgebots beflecken keine Lebensmittelskandale seine Geschichte. Ebenso sind Schadstoffbelastungen im Zusammenhang mit Bier auszuschließen.

Dies sind nur einige Gründe, dem Bier ein Buch zu widmen. Auch Kochen lässt sich mit dem ältesten alkoholischen Getränk der Welt. Eine kleine, feine Auswahl an Rezepten habe ich für Sie zusammengestellt. Rezepte, in denen Bier eine wichtige Zutat ist, und Rezepte, zu denen ein Bier gut passt. Bei vielen habe ich angefügt, welche Art von Bier dazu besonders gut schmeckt.

Viel Freude beim Ausprobieren wünscht Ihnen

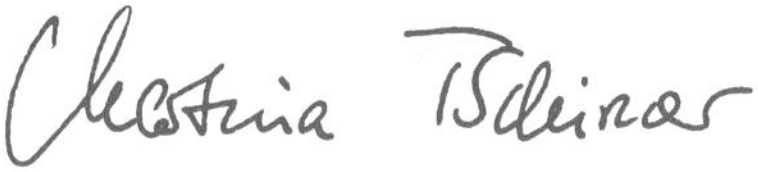

Einführung

Die Geschichte des Bieres

Dass Bier schon sehr, sehr lange die Menschheit erfreut, daran besteht kein Zweifel. Schließlich ist es das älteste alkoholische Getränk der Geschichte. Die Sumerer sollen es etwa im 4. Jh. v. Chr. erfunden haben. Nun ja, nicht richtig erfunden, sondern wahrscheinlich eher zufällig entdeckt. Einer Legende nach hatte ein Sumerer ein Stück Brot im Regen vergessen, welches dann zu gären begann. Mutig gekostet, ebenso von seinen Mitbürgern, war das flüssige Brot erfunden! So oder ähnlich kann es sich zugetragen haben. In jedem Fall beweisen Funde von Archäologen aus dem Gebiet des alten Mesopotamiens, dass sich die Menschen damals regelmäßig ein Gebräu aus Brotfladen und Wasser herstellten. Andere Völker übernahmen später diese Sitte – zunächst die Ägypter, dann die Babylonier, die das Brauwesen für damalige Zeiten perfektionierten. Im Jahrtausend vor Christi Geburt begeisterten sich auch Etrusker und Römer für den Gerstensaft. Er kam zur Zeitenwende jedoch aus der Mode, weil man in Rom Wein bevorzugte. Schließlich galt Bier dort nur noch als Trunk der Barbaren, was seine Weiterentwicklung und seine Verbreitung jedoch nicht aufhalten konnte.

Denn in der Zwischenzeit hatte Bier auch die Germanen längst erreicht, entsprechende Amphoren stammen aus der Zeit von etwa 800 v. Chr. Das Brauen zu Hause für die Sippe gehörte bald zu den alltäglichen Pflichten der Frauen. Dass auch Kinder Bier tranken, war nichts Besonderes, denn zum einen enthielt es weniger Alkohol als heute, und zum anderen war es sauberer als das meiste Wasser. Im 7. Jh. n. Chr. begannen die Mönche, diese Arbeit zu übernehmen. Sie hatten Bier zum nahrhaften Trunk während der Fastenzeit auserkoren, und stellten ihr flüssiges

Brot nicht nur gegen den eigenen Hunger und Durst her, sondern auch für den Verkauf. Eine wichtige Entdeckung machten die Mönche außerdem: Durch die Beigabe von Hopfen wurde das Bier sowohl würziger als auch länger haltbar.

Das deutsche Reinheitsgebot

Hopfen ist auch heute noch einer der vier Bestandteile von Bier. Malz, Hefe und Wasser sind die anderen drei. Und das seit dem 23. April 1516, dem Tag, an dem Herzog Wilhelm IV. vor dem Landständetag zu Ingolstadt das Reinheitsgebot für Bier verkündete. Hier ist ein Auszug daraus: „*Wir wollen auch sonderlichen dass füran allenthalben in unsern stetten märckthen un auf dem lannde zu kainem pier merer stückh dan allain gersten, hopfen un wasser genommen un gepraucht solle werdn.*“ Es erhielt fürs Erste im ganzen Herzogtum Bayern Gesetzeskraft, erfuhr aber in späteren Jahrhunderten eine Ausweitung auf ganz Deutschland.
Kaum vorzustellen, was vor dem April 1516 alles als Würze in die Gerstenkaltschale wanderte. Mal waren es Kräuter wie Lavendel, Lorbeer, Melisse, Minze und Rosmarin, mal Gewürze wie Anis, Kümmel, Kreuzkümmel und Wacholderbeeren. Auch Früchte wie Himbeeren, Holunderbeeren und Zitronen gaben dem Bier das gewisse Etwas. Besondere Rauschzustände sollten durch die Beigabe von giftigem Efeu und der ebenfalls giftigen Samen der Herbstzeitlosen erreicht werden. Mit dem, was wir uns heute unter reinem Biergenuss vorstellen, hatte das alles jedenfalls wenig zu tun.

Um an den 23. April 1516 zu erinnern, hat die heimische Brauwirtschaft ihn zum „Tag des Deutschen Bieres“

ernannt. Denn das Reinheitsgebot ist bis heute die älteste gültige lebensmittelrechtliche Verordnung der Welt. Zwar wurde es insofern gelockert, als mittlerweile innerhalb der EU – also auch in Deutschland – Bier vertrieben werden darf, das nicht den Vorgaben des Reinheitsgebots entspricht. Viel davon gibt es jedoch nicht, zudem müssen solche Biere entsprechend gekennzeichnet sein. Die große Mehrheit der Biere ist trotzdem immer noch eine „reine“ Angelegenheit.

Ober- und untergäriges Bier

In den Jahrhunderten oder besser gesagt Jahrtausenden, bevor es technische Möglichkeiten der Kühlung gab, konnte nur eine einzige Art von Bier produziert werden, nämlich obergäriges. Diese Bezeichnung ist darauf zurückzuführen, dass sich bei seiner Herstellung – genauer gesagt während des Gärprozesses, der bei warmen Temperaturen stattfindet – die Hefe auf der Oberfläche absetzt und dann abgeschöpft wird. Unter den heutigen Bieren gehören Altbier, Weizen, Kölsch, Malzbier, englische Ales, Porters und Stouts zu den obergärigen.

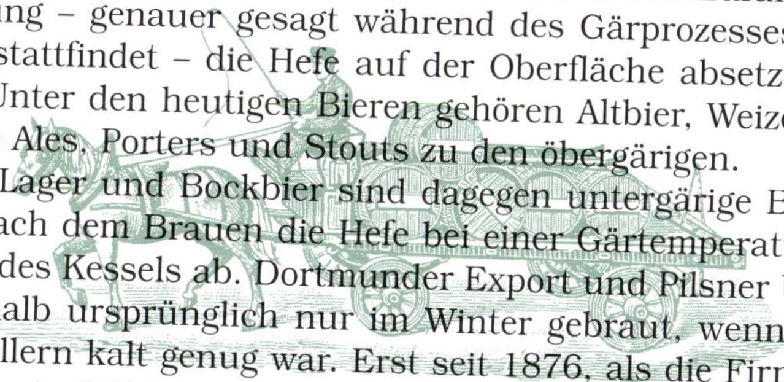

Pils, Export, Lager und Bockbier sind dagegen untergärige Biere. Bei ihnen setzt sich nach dem Brauen die Hefe bei einer Gärtemperatur von 4–9 °C am Boden des Kessels ab. Dortmunder Export und Pilsner Urquell wurden deshalb ursprünglich nur im Winter gebraut, wenn es in den Braukellern kalt genug war. Erst seit 1876, als die Firma Linde die erste Kühlmaschine auf den Markt brachte, kann die Produktion der untergärigen Biere das ganze Jahr über „sprudeln“.

Die Bierherstellung

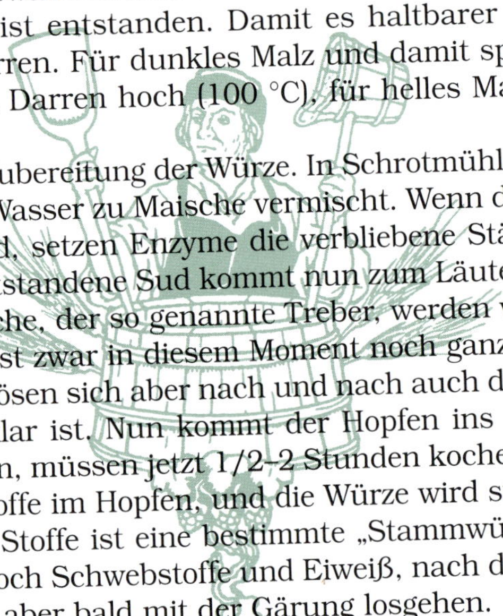

So gelangt die Mischung aus Getreide, Wasser, Hefe und Hopfen in Fässer und Flaschen: Zunächst wird aus Gerste oder Weizen Malz hergestellt. Dafür muss das Getreide erst einmal in Wasser keimen, dabei verwandelt sich ein Teil der Getreidestärke schon mal in Zucker. Grünmalz ist entstanden. Damit es haltbarer wird, kommt es zum Trocknen oder Darren. Für dunkles Malz und damit später dunkles Bier ist die Temperatur beim Darren hoch (100 °C), für helles Malz bzw. helles Bier niedriger (80 °C).

Der zweite Schritt ist die Zubereitung der Würze. In Schrotmühlen wird das Malz erst zerkleinert und dann mit Wasser zu Maische vermischt. Wenn diese Mischung später bis etwa 75 °C erhitzt wird, setzen Enzyme die verbliebene Stärke aus dem Malz in Malzzucker um. Der so entstandene Sud kommt nun zum Läutern, das heißt, die festen Bestandteile der Maische, der so genannte Treber, werden von den flüssigen, der Bierwürze, getrennt. Die ist zwar in diesem Moment noch ganz trüb, durch nachgegossenes heißes Wasser lösen sich aber nach und nach auch die letzten Reste Malzzucker, bis die Würze klar ist. Nun kommt der Hopfen ins Spiel. Beide zusammen, Würze und Hopfen, müssen jetzt 1/2–2 Stunden kochen. Dabei lösen sich die wichtigen Bitterstoffe im Hopfen, und die Würze wird sterilisiert. Je nach Menge der gelösten Stoffe ist eine bestimmte „Stammwürze“ entstanden. Sie enthält zwar noch Schwebstoffe und Eiweiß, nach dem Filtern und Kühlen kann es aber bald mit der Gärung losgehen.

Je nachdem, ob ein obergäriges oder untergäriges Bier entstehen soll, wird jetzt die passende Hefe zugegeben. In großen Gärbottichen leitet sie die Umwandlung des Zuckers aus der Würze in Alkohol und Kohlendioxid ein.

Das geschieht bei unterschiedlichen Temperaturen: Obergärige Hefen arbeiten bei 15–20 °C und steigen am Ende der Gärung, also nach 2–7 Tagen, nach oben; untergärige Hefen sind bei 5–10 °C aktiv und setzen sich nach dem Gärungsprozess, der 7–10 Tage dauert, am Boden ab. Das so genannte Jungbier muss nun, je nach Sorte, noch mindestens einen Monat nachreifen und gelangt dann gefiltert in Fässer, Flaschen oder auch Dosen. So viel zur Bierherstellung in einer großen Brauerei.

Langsam kommt aber auch das Brauen daheim wieder in Mode. Im Prinzip funktioniert es nicht viel anders als bei industriell hergestelltem Bier. Nur die nötigen Gerätschaften sind etliche Nummern kleiner. Dafür bietet der Fachhandel zum Beispiel Braubehälter mit Ablaufhahn an, die 25–50 Liter fassen und zur Zwischenaufnahme der gefilterten Stammwürze dienen. Zum Kochen der Maische reicht dagegen ein gewöhnlicher großer Kochtopf. Was sonst noch rundherum nötig ist, um den beliebten Gerstensaft in Eigenproduktion herzustellen, lässt sich in einschlägigen Fachbüchern nachlesen (zu empfehlen ist „Bier selbst gebraut. Mit Rezepten für 100 Sorten" von Klaus Kling, Verlag Die Werkstatt, Göttingen 2002).

Schöne bunte Biermixwelt

Um ihre Umsätze anzukurbeln, hat sich die Bierindustrie in den letzten Jahren einiges einfallen lassen. Ihr Ziel ist es, junge Leute anzusprechen, denen ein „normales" Bier einfach zu bitter ist, um eine Brücke von Cola und Limo zum Erwachsenengetränk zu bauen. Die Lösung, Bier mit Softdrinks zu mischen, lag auf der Hand und war nicht wirklich neu. Am Tresen war das in Form von „Diesel" (Bier und Cola) oder Radler (Bier und Zitronenlimo) schon lange gang und gäbe, und diese Mixgetränke wurden auch schon von der Elterngeneration getrunken (siehe Kapitel Mit Bier gemixt und gemischt S. 16). Allerdings klangen die Namen verstaubt. Warum also nicht das fertige Mixgetränk in die Flasche füllen? Zunächst kamen Radler und Alsterwasser in Flaschen und Dosen, dann Bier mit Cola, Limettensaft und Energy-Drinks. Dazu ein schickes neues Styling für Flasche und Etikett, je nach Brauerei mehr oder weniger auffällig, und dem Weg zum Trendgetränk stand nichts mehr im Weg.

Heute haben alle großen Brauereien Biermixgetränke im Angebot, wobei die meisten – schon rein namentlich – kaum noch als Bier zu erkennen sind. Sie liegen im Alkoholgehalt meistens unter Pils und Weizen. Und neben Bier sowie Cola oder Limonade bieten viele noch eine exotische Zutat wie etwa Extrakte aus der Drachenfrucht oder südamerikanischen Curuba-Frucht bzw. einem Extraschuss Tequila. Und wir dürfen gespannt sein, was sich die Brauereien in den nächsten Jahren noch so einfallen lassen.

Bier und Gesundheit

Was drinsteckt

„Na, der hat ja die Bierruhe weg!“, heißt es, wenn jemand langsam, gemütlich oder sogar träge ist. Woher dieser Begriff stammt, ist klar, wenn wir die Inhaltsstoffe des Bieres genauer anschauen. Die sprudelige Kohlensäure kann es nicht sein, denn die wirkt eher belebend. Der enthaltene Alkohol? Der wirkt zwar nach übermäßigem Zechen irgendwann auch einschläfernd, macht aber bei nur ein, zwei Bierchen eher fröhlich. Nein, der Hopfen ist es, der beruhigend wirkt. Genauer gesagt die Bitterstoffe in den Hopfendolden. Insgesamt über 150 Aromastoffe sind in diesen Dolden enthalten, zwei davon, die Bitterstoffe Humulon und Lupulon, beruhigen und fördern sogar den Schlaf, andere dagegen regen den Appetit an. Sie bringen die Magensäfte in Schwung und fördern zudem noch die Verdauung.

Auch Vitamine sind im Bier enthalten. Besonders fallen hier die aus der B-Gruppe ins Gewicht, die vorwiegend aus der Bierhefe stammen. So kann Bierhefe als Naturprodukt mit dem höchsten Gehalt an Vitamin B_1 glänzen! Dieses Vitamin ist wichtig für die Funktion des Nervensystems, stärkt Konzentration und Gedächtnis und wirkt am Stoffwechsel mit. Ebenfalls zu den B-Vitaminen gehört die Folsäure. Sie ist wichtig für alle Wachstums- und Entwicklungsprozesse. Ein Liter Bier, natürlich auch einer ohne Alkohol, deckt mehr als ein Drittel des Folsäurebedarfs eines Erwachsenen (400 Mikrogramm pro Tag, enthalten in 200 Gramm Rinderleber oder 800 Gramm Spinat). Beim Magnesium, wichtig für Knochen und Muskeln, sieht es noch besser aus. Fast die Hälfte des täglichen Bedarfs an dem Mineralstoff liefert eine Maß des beliebten Gerstensafts (280 Milligramm pro Tag benötigen Frauen, Männer etwa 350 Milligramm, auch enthalten in 6 Bananen oder 7 Scheiben Vollkornbrot). Weitere Vitalstoffe im Bier sind Niacin, Kalium und Zink. Aber natürlich sollte niemand seinen gesamten Tagesbedarf an Vitaminen mit Bier decken.

Wissenschaftliche Studien haben schließlich dem Ganzen noch das i-Tüpfelchen aufgesetzt. Sie belegen, dass die in Bier enthaltenen Vitamine vom Organismus besonders gut und schnell aufgenommen werden können. Mediziner haben aus diesem Grund heutzutage nichts dagegen, wenn Sportler nach dem Training ihren Mineralhaushalt mit einem alkoholfreien Bier oder Light-Bier auffüllen. Keine Frage also, dass das tägliche Bierchen durchaus gesund ist! Und mit Bier kochen kann man natürlich auch hervorragend, wie das Kapitel „Kochen mit Bier“ in diesem Buch beweist (siehe S. 48–71).

Wie der Gerstensaft äußerlich wirkt

Bier tut nicht nur gut, wenn wir es trinken. So bereichern etwa Bierbäder in den letzten Jahren das Angebot verschiedener Wellness-Hotels. Ob eingetaucht im angenehm temperierten Holzbottich oder in der Wanne für zwei: Die Haut nimmt begierig die guten Inhaltsstoffe des Bieres auf. Sie bekommt neue Frische, unreine Haut und Akne werden positiv beeinflusst, Hautirritationen wird vorgebeugt. Um die 20 Minuten dauert solch eine Anwendung jeweils, die Badezusätze kommen jedoch nicht immer aus der Flasche. Badefreudige können wählen zwischen Bierhefe, Biermaische oder speziellem Badebier. Aus Neugier einen Schluck davon zu probieren, sollte man sich sparen, denn zum Trinken ist dieses Badebier nicht gedacht. Letztendlich ist das auch gar nicht nötig. Die Anbieter von Bierbädern haben fast immer ein Herz für die durstigen Kehlen ihrer Kunden und offerieren neben der äußeren Anwendung auch ein lecker Bierchen für die innere Anwendung. Das gibt es entweder während oder nach dem Badespaß.

Dass Bier auch bei der Haarpflege gute Dienste leistet, weiß ich von meiner Mutter. Als in den 60er und 70er Jahren die Regale der Drogerien noch nicht unter den Pflegespülungen und Kuren für die verschiedensten Probleme von sprödem und splissigem bis zu coloriertem und glanzlosem Haar zusammenbrachen, verwöhnte sie ihr Haar einmal pro Woche mit dieser Anwendung:
1/4 Liter Bier und 1 Ei verquirlen, in das gewaschene, handtuchtrockene Haar geben und gut verteilen, dabei leicht in die Kopfhaut einmassieren. Nun ein warmes Frotteetuch um den Kopf drapieren und die Kur 15 Minuten einwirken lassen. Zum Schluss mit warmem Wasser ausspülen. Danach hat das Haar einen wunderschönen Glanz.
Ach ja, als Haarfestiger benutzte sie Bier damals übrigens auch. Das war zwar nichts für die aufkommenden modischen Föhnfrisuren ihrer Töchter, klappte aber mit Lockenwicklern bei ihr ganz prima. Und der Biergeruch? Der verschwand beim Trocknen ganz von allein.

Mit Bier gemixt & gemischt

Wenn's mal ein wenig leichter sein darf, wenn die Bitterstoffe vom Hopfen gemildert werden sollen oder wenn einfach die Lust am Mixen erwacht... Hier sind sie, die bekanntesten und beliebtesten Biermischungen, Bierbowlen, Biercocktails. Zum Ausprobieren oder auch nur, um zu wissen, was hinter den einzelnen Namen steckt:

ABC-Maß · In Oberfranken die Bezeichnung für das, was in Bayern Goaßmaß genannt wird: 1/2 l Bier, 1/2 l Cola und 4 cl Asbach.

Ale Flip · 1 TL Zucker, 1 Eigelb und 3 Eiswürfel shaken, in ein Bierglas gießen und mit Ale auffüllen.

Alsterwasser · Norddeutsche Bezeichnung für Radler: 1 Teil Pils und 1 Teil Zitronenlimonade.

Altbierbowle · Beliebte Bowle im Münsterland: Bierglas zu einem Viertel mit frischen Erdbeeren und Himbeersirup füllen und mit Altbier aufgießen. Lässt sich auch mit Himbeeren und Dosenfrüchten zubereiten.

Alt (mit) Schuss · Besteht aus Alt und einem Schuss eines anderen Getränks: mancherorts Malzbier, Hefeweizen (anderswo auch Krefelder genannt) oder Himbeersirup (im Münsterland).

Black Velvet · 1 Teil dunkles Bier (z. B. Guinness) und 1 Teil Sekt in einem großen Glas mischen, wobei viel Schaum entsteht. Auch bekannt als Bismarck.

Churchill · 3 cl Campari und 300 ml helles Bier.

Diesel · 1 Teil Pils, 1 Teil Cola. Auch Colabier, Schmutz (Ostwestfalen), Neger (Bayern, Tirol), Dreckiges Bier, Schweinebier.

Diplomatenschorle · 120 ml Pils aufgefüllt mit 80 ml süßem, rotem Sekt, beides eiskalt.

Drecksack · 1 Teil Kölsch, 1 Teil Cola.

Energyweizen · 3 Teile Weizenbier und 1 Teil Red Bull.

Gasoline · 1 cl Kirschlikör mit 1 cl Brandy shaken, mit 6 cl Cola und 6 cl hellem Bier auffüllen, vorsichtig umrühren.

Goaßmaß · Beliebt in Bayern, siehe ABC-Maß.

Greenwave · 1 cl Blue Curacao, 1 Schuss Wodka und 1 Schuss Limettensaft verrühren, mit hellem Bier auffüllen.

Greifswalder · 1 Teil Schwarzbier, 1 Teil Cola.

Heller Moritz · 1 Teil Weizen, 1 Teil Sekt, garniert mit 1 Zitronenscheibe am Glasrand.

Jean Bière · Französische Mischung, 2 cl Cognac in einem Bierglas mit hellem Bier auffüllen.

Krefelder · Altbier mit einem Schuss Cola, (seltener Malzbier oder Hefeweizen); in Düsseldorf und am linken Niederrhein auch Schmutz genannt.

Ladies' Choice · 1 cl weißer Rum, 2 cl Kirschlikör und 6 cl Sahne shaken, mit 120 ml dunklem Bier auffüllen.

Lager Lime · Biermix aus England: 2 cl Rose's Lime Juice (Limettensirup) in einem Bierglas mit hellem Bier auffüllen.

Lütje Lage · Spezialität aus Hannover, bestehend aus einem Bier und einem Schnaps. Gemischt werden die beiden erst beim Trinken, und zwar so: Bierglas zwischen Daumen und Zeigefinger, Schnapsglas zwischen Mittel- und Ringfinger, das Bierglas vorsichtig ansetzen, dabei läuft der Schnaps über das Bier in den Mund.

Radler · Der Klassiker aus Bayern, angeblich erfunden, weil bei einem Wirt das Bier nicht reichte, 1 Teil Pils oder Lager, 1 Teil Zitronenlimonade.

Russenmaß · 1 Teil Weizenbier, 1 Teil Zitronenlimonade, andere Namen sind süßer Russ, Zitronenweizen, Russ'n.

Saurer Russ · 1 Teil Weizenbier, 1 Teil Mineralwasser.

Tawarisch · 1 EL Zitronensaft und 4 cl Wodka mit 1/2 l Starkbier auffüllen.

Weiße mit Schuss · 1–2 EL Himbeer- oder Waldmeistersirup mit 300 ml Berliner Weiße auffüllen.

Das passt zum Bier

Wie im Biergarten und in der Kneipe

Zur zünftigen Maß unter Schatten spendenden Kastanien werden im Biergarten die verschiedensten Schmankerl angeboten. Den Hunger stillen kleine oder gar große Biergarten-Laugenbrezeln, Leberkäs, Rostbratwurst und Weißwurst, Butterbrote mit Radieschen und Schnittlauch, sowie die in diesem Kapitel aufgeführten Spezialitäten. Mit ihnen können Sie sich das Biergarten-Feeling in die eigenen vier Wände, auf den Balkon oder in den Garten holen. Oder wollen Sie lieber essen wie in einer richtig guten Kneipe? Dann finden Sie hier ebenfalls Klassiker der einschlägigen Speisekarten oder -tafeln wie Handkäs mit Musik, Buletten oder Soleier.

Bayrischer Krautsalat

Zutaten für 4–6 Personen
1 kg Weißkohl, 100 g gewürfelter Schinkenspeck,
5 EL Bieressig (ersatzweise Weißweinessig), 1 Zwiebel,
3 EL neutrales Pflanzenöl, 1 geh. TL Kümmel,
Salz, frisch gemahlener Pfeffer

Vom Weißkohl die Außenblätter entfernen, den Kohlkopf vierteln und den Strunk herausschneiden. Kohl in feine Streifen schneiden oder hobeln und in eine Schüssel geben.
Den Schinkenspeck in einer Pfanne bei mittlerer Hitze ausbraten, mit Essig und 5 Esslöffeln Wasser ablöschen und über die Kohlstreifen geben. Zwiebel schälen und fein würfeln, mit den restlichen Zutaten zum Kohl geben und alles gründlich durchmischen, mit Kümmel, Salz und Pfeffer würzen. Den Krautsalat mindestens 1 Stunde durchziehen lassen. Anschließend nochmals mit Salz, Pfeffer und eventuell Essig abschmecken.

Der Salat schmeckt zu Rostbratwurst und Laugenbrezn (Rezept S. 26) ebenso gut wie zu einem Krustenbraten (Rezept S. 66).

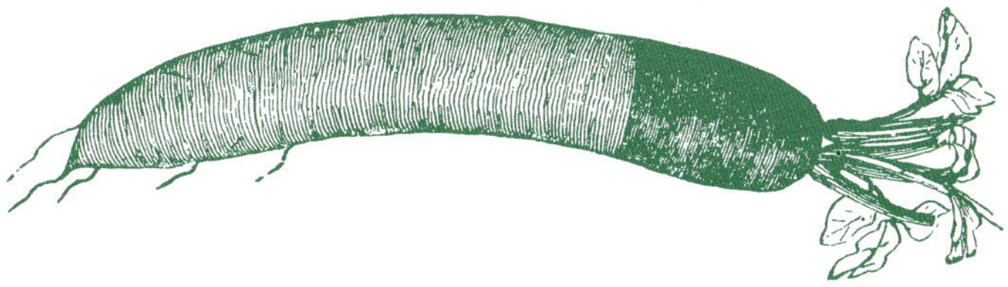

Rettich-Carpaccio

Dies ist ein Biergarten-Schmankerl mit italienischem Touch.

500 g weißer Rettich, 1 rote Chilischote, 1 Bund Schnittlauch, 1 Zitrone, grobes Meersalz, frisch gemahlener schwarzer Pfeffer, 100 ml Olivenöl, 75 g Parmesan am Stück

Den Rettich schälen und in sehr dünne Scheiben schneiden oder hobeln. Die Chilischote längs halbieren, von Stielansatz, Samen und Scheidewänden befreien und in dünne Ringe schneiden. Schnittlauch abbrausen, trockentupfen und in feine Röllchen schneiden. Die Zitrone auspressen, den Saft mit Salz und Pfeffer verrühren, nach und nach das Olivenöl zugeben und alles zu einem Dressing vermischen. Die Rettichscheiben auf großen Tellern fächerartig verteilen. Darüber die Chiliringe und den Schnittlauch streuen. Vor dem Servieren das Rettich-Carpaccio mit dem Dressing beträufeln und den Parmesan mit einer groben Reibe darüberhobeln. Dazu passt frische Ciabatta oder getoastetes Mischbrot.

Obatzda

In bayrischen Biergärten und Feinkostläden ist er auch als Obatzta, Obazda, Obazter oder Obatzter im Angebot. Woher der Name kommt? „Obaazn“ ist das bayrische Wort für „anmachen“. Ins Hochdeutsche übersetzt verbirgt sich dahinter also ganz schlicht angemachter Camembert.

200 g reifer Camembert,
80 g weiche Butter, 1/2 fein gewürfelte Zwiebel,
Salz, edelsüßes Paprikapulver, etwa 5 EL helles Bier,
Kümmel nach Geschmack, 2 EL Schnittlauchröllchen

Camembert, Butter und die Zwiebelwürfelchen mit einer Gabel fein zerdrücken, bis eine homogene, streichfähige Masse entstanden ist. Mit Salz und reichlich Paprikapulver würzen, das Bier und zum Schluss den Kümmel untermischen. Die Käsecreme auf einen Holzteller häufen und mit Schnittlauch bestreuen. Besonders hübsch sieht der Obatzda kegelförmig angerichtet aus. Dazu passen kräftiges Bauernbrot und Radieschen.

Wurstsalat mit Radieschen

300 g Fleischwurst (Lyoner), 1 Bund Radieschen, 8 Cornichons, 1 Zwiebel, 1 Bund Schnittlauch, 2 EL Sud der Cornichons, 2 EL Weißweinessig, 2 TL mittelscharfer Senf, 3 EL Rapsöl, 1 Prise Zucker, Salz, frisch gemahlener Pfeffer

Fleischwurst in dünne Scheiben schneiden oder fein würfeln. Radieschen putzen und wie die Cornichons in feine Scheiben schneiden. Zwiebel schälen und in dünne Ringe schneiden. Schnittlauch abbrausen, trockentupfen und in Röllchen schneiden. Gurkensud, Essig und Senf verrühren, das Öl zuletzt unterschlagen, mit Zucker, Salz und Pfeffer würzen. Alle Zutaten in einer Schüssel gut mischen und den Salat zugedeckt mindestens 30 Minuten durchziehen lassen. Nochmals abschmecken und mit frischen Laugenbrezn (Rezept S. 26) oder knusprigem Bauernbrot servieren.

Wie in der Schweiz schmeckt der Salat, wenn Sie zusätzlich Emmentaler in Streifen oder Würfeln untermischen.

Laugenbrezn

Was wäre eine zünftige bayrische Brotzeit ohne eine „resche“, also knusprige Breze (Brezel)! Zumindest außerhalb des Freistaats bäckt man sie am besten selbst.

500 g Weizenmehl (Type 550), 1 EL Salz, 1 Würfel Hefe (42 g),
1 TL Zucker, 300 ml lauwarmes Wasser, 100 g Natron,
3 EL grobes Salz, Mehl zum Bestäuben und Ausrollen

Das Mehl in eine Schüssel sieben und das Salz darüberstreuen. In einer Tasse die Hefe mit dem Zucker in 100 Millilitern lauwarmem Wasser auflösen und zum Mehl geben. Die Zutaten zu einem festen Teig verkneten, dabei nach und nach bei Bedarf das restliche Wasser zugeben. Den Teig zu einer Kugel formen, mit Mehl bestäuben und zugedeckt an einem warmen Ort 1 Stunde gehen lassen.
Den Teig nochmals gut durchkneten, auf einer bemehlten Arbeitsfläche zu einer 30 Zentimeter langen Rolle formen und in 12 gleich große Stücke teilen. Jedes Stück zu einem 30 Zentimeter langen, zu den Enden hin dünner werdenden Strang rollen und zu einer Brezel verschlingen. Nebeneinander zugedeckt 15 Minuten gehen lassen. Inzwischen in einem großen Topf das Natron im Verhältnis 1:10 mit Wasser mischen und kurz aufkochen lassen. Die Brezeln portionsweise 30 Sekunden darin ziehen lassen. Herausnehmen und abtropfen lassen. Den Backofen auf 220 °C (Umluft 200 °C, Gas Stufe 4) vorheizen.
Brezeln auf mit Backpapier ausgelegte Backbleche legen und mit grobem Salz bestreuen. In 20–25 Minuten goldbraun backen. Danach möglichst rasch servieren.

Handkäs mit Musik

Diese Spezialität mit Sauermilchkäse stammt ursprünglich aus Mainz, ist heute aber typisch für Kneipen in ganz Hessen. Und die „Musik", die machen später die Zwiebeln…

4 Handkäse (à 125 g),
2 TL Kümmel, frisch geschroteter schwarzer Pfeffer,
1/8 l Apfelsaft, 1/8 l trockener Weißwein,
2 EL Obstschnaps, 1 große rote Zwiebel, 2 EL Obstessig,
4 EL Öl, Salz, 1/2 Bund glatte Petersilie

2–3 Tage vor dem Verzehr den Handkäse in die einzelnen Segmente teilen und dachziegelartig in eine flache Porzellan- oder Steingutschüssel legen. Dabei jeweils mit Kümmel und Pfeffer bestreuen. In einer Schüssel Apfelsaft, Wein und Schnaps verrühren und über den Käse gießen. Gut zugedeckt 2–3 Tage im Kühlschrank marinieren. Dabei hin und wieder mit der Marinade übergießen.

Vor dem Verzehr für die „Musik" die Zwiebel schälen und fein würfeln. Die Marinade vom Käse in eine Schüssel umgießen, mit Essig und Öl kräftig verrühren. Zwiebel untermischen, mit Salz und Pfeffer würzen und 30 Minuten zugedeckt ziehen lassen.

Inzwischen die Petersilie abbrausen und trockentupfen, die Blättchen abzupfen und fein hacken. Die Käsestücke auf Portionstellern anrichten, mit etwas Salz und der Petersilie bestreuen. Die Zwiebelmarinade mit einem Löffel neben dem Handkäse anrichten.

Soleier

Einst gehörten Soleier auf den Tresen jeder Berliner Kneipe, leider muss man heutzutage regelrecht danach suchen. Ein sicherer Tipp für Hauptstadtbesucher: die Feinschmeckeretage im KaDeWe.

8 Eier, 60 g Salz, 3 EL Zucker, 1 Lorbeerblatt,
1 EL schwarze Pfefferkörner, 1 EL Kümmel, 1 EL Senfkörner,
3 Wacholderbeeren, 2 Gewürznelken, 150 ml Weißweinessig,
1 Bund Petersilie, 1 Bund Dill, Senf, pikant eingelegtes Gemüse

Mindestens 1 Tag vor dem Verzehr die Eier in 10 Minuten hart kochen, gut abschrecken und etwas abkühlen lassen.
In einem Topf 1,2 Liter Wasser mit Salz, Zucker, Gewürzen und Essig aufkochen und bei geringer Hitze 5 Minuten köcheln lassen. Den Sud vom Herd nehmen und abkühlen lassen.
Die Eier rundherum vorsichtig anschlagen. Die Kräuter waschen und trockentupfen. Nun die Eier mit den Kräutern in ein gut 1,5 Liter fassendes, verschließbares Glas schichten. Alles vollständig mit dem Sud bedecken. Das Glas schließen und die Eier etwa 24 Stunden durchziehen lassen.
Vor dem Servieren die Eier pellen, halbieren und das Eigelb herausheben. In die Eiweißhälften etwas Senf geben, das Eigelb wieder hineinsetzen und zusammen mit pikant eingelegten Gurken, Zwiebelchen etc. servieren.

Im Kühlschrank halten sich die Soleier mindestens 1 Woche.

Buletten

500 g Hackfleisch (halb Rind und halb Schwein),
1 Zwiebel, 1 altbackenes Brötchen, etwas lauwarmes Wasser
oder warme Milch, 1–2 EL Semmelbrösel bei Bedarf, Salz,
frisch gemahlener Pfeffer, 1–2 Eier, Pflanzenöl zum Braten

Das Hackfleisch mit einer Gabel locker zupfen. Die Zwiebel schälen und würfeln. Das Brötchen in Milch oder Wasser einweichen und fest ausdrücken (schneller geht es, wenn das Brötchen vorher zerbröckelt wird). Bei Bedarf zusätzlich mit Semmelbröseln binden. Mit Salz und Pfeffer würzen und mit dem Ei bzw. den Eiern locker verkneten. Mit nassen Händen aus dem Teig 4–6 Bällchen drehen. Diese etwas flach drücken und von beiden Seiten jeweils 5–7 Minuten in heißem Fett braun braten. Dabei wiederholt mit dem Fett aus der Pfanne übergießen.

Für Picknick und Grillparty

Sommer und Bier, die beiden gehören für mich unbedingt zusammen. Vor allem, wenn draußen gedeckt wird, ob nun am Tisch oder auf der Picknickdecke. Hier folgen eine Hand voll Tipps, was Sie neben den gut verpackten Leckereien nicht vergessen dürfen, wenn Sie Ihre Siebensachen für ein Picknick packen.

Unbedingt in jeden Picknickkorb gehören: ausreichend Besteck, ein Flaschenöffner, ein kleiner Salzstreuer. Gute Dienste leistet auch ein Taschenmesser. Außerdem Teller, wenn Sie nicht nur Fingerfood anbieten möchten, eventuell auch Gläser. Schließlich Decke und Kissen sowie eine Tischdecke oder große Geschirrtücher, damit Sie alles appetitlich aufbauen können. Ein kleines Handtuch oder die Küchenrolle sind nützlich, wenn doch mal was umkippt, zur Not tun es natürlich auch Servietten. Schon im Voraus gut gekühlte Getränke, nicht nur Bier, gehören in die Kühltasche. Nun noch eine Mülltüte für die Abfälle, und schon kann's losgehen!

Zitronige Chicken-Wings

20 Hähnchenflügel, 2 unbehandelte Zitronen,
4 EL Olivenöl, 1 gehäufter TL Thymianblättchen,
Meersalz, frisch gemahlener Pfeffer

Die Hähnchenflügel unter fließendem kaltem Wasser waschen und trockentupfen. Die Zitronen auspressen und eine Marinade aus dem Saft, Olivenöl, Thymian, Salz und Pfeffer zubereiten. Die Hähnchenflügel in eine flache Form legen und mit der Marinade übergießen. Mindestens 3 Stunden zugedeckt im Kühlschrank ziehen lassen, dabei die Flügel wiederholt wenden.
Hähnchenflügel etwa 30 Minuten vor der Zubereitung aus dem Kühlschrank nehmen. Backofen auf 200 °C (Umluft nicht empfehlenswert, Gas Stufe 3) vorheizen. Flügel aus der Marinade nehmen, etwas abtropfen lassen und auf einem Backblech verteilen. In den vorgeheizten Ofen (mittlere Schiene) schieben und in 30–35 Minuten knusprig braten. Abkühlen lassen und für den Transport gut verpacken.

An Servietten denken, denn beim genüsslichen Knabbern werden die Hände garantiert fettig!

Die Chicken-Wings lassen sich auch auf dem Grill zubereiten. Damit sie nicht verbrennen, nur bei mittlerer Hitze grillen und immer wieder mit Öl bestreichen.

Mein Favorit zu den Chicken-Wings ist Weizenbier. Pils oder Alt schmecken aber auch sehr gut dazu.

Spinat-Wraps mit Joghurtsauce

4 EL Pinienkerne, 600 g Blattspinat, 2 Zwiebeln,
4 EL Olivenöl, 4 EL Rosinen, 2 Kugeln Mozzarella,
Salz, frisch gemahlener Pfeffer, 4 Tortillafladen,
1 geschälte Knoblauchzehe, 300 g Joghurt, 1–2 TL Zitronensaft,
2 EL Tomatenfruchtfleisch in Würfeln, 1 Prise Zucker

Die Pinienkerne in einer Pfanne ohne Fett goldbraun rösten. Spinat sorgfältig waschen, noch nass in einen Topf mit sprudelndem Wasser geben und fünf Minuten garen. In ein Sieb geben, abtropfen lassen und dann sorgfältig ausdrücken. Die Zwiebeln schälen, fein hacken und im heißen Olivenöl glasig dünsten. Rosinen und Spinat zufügen und alles gut durchschwenken. Pinienkerne ebenfalls untermischen und den Spinat vom Herd nehmen. Mozzarella würfeln, zum Spinat geben, mit Salz und Pfeffer würzen. Die Spinatmischung auf den Tortillafladen verteilen, dabei rundherum einen Rand frei lassen. Fladen vorn einschlagen und seitlich einrollen. Abkühlen lassen und in Frischhaltefolie verpacken.
Für die Sauce den Knoblauch in den Joghurt pressen, mit Zitronensaft und Tomatenwürfeln verrühren und pikant mit Zucker, Salz und Pfeffer würzen. Die Joghurtsauce zum Mitnehmen in ein separates Gefäß füllen und zu den Wraps servieren.

Die Tortillafladen erhalten Sie vakuumverpackt in den Spezialitäten-Abteilungen gut sortierter Supermärkte.

Dazu schmeckt ein Goldbier oder ein Weizen besonders gut.

Kartoffelspieße

750 g kleine neue Kartoffeln, 3 EL Olivenöl,
Meersalz, frisch gemahlener Pfeffer,
8 Lorbeerblätter, 4 etwa 25 cm lange Holzspieße

Die Kartoffeln in Salzwasser in 15 Minuten knapp gar kochen. Öl, Salz und Pfeffer verrühren. Kartoffeln halbieren und auf die Spieße stecken, dazwischen 2 Lorbeerblätter aufspießen. Kartoffelschaschliks mit der Ölmischung bestreichen und bei mittlerer Hitze in etwa 10 Minuten hellbraun grillen, dabei regelmäßig wenden. Dazu schmeckt eine würzige Kräuterbutter.

Die Spieße sind eine tolle Beilage zu Gegrilltem.

Lammköfte

500 g Hackfleisch vom Lamm, 1 geriebene Zwiebel,
4 durchgepresste Knoblauchzehen,
je 1/2 Bund glatte Petersilie und Koriander, gehackt,
1 TL edelsüßes Paprikapulver, 1 TL gemahlener Kreuzkümmel,
1/2 TL gemahlener Koriander, 1/4 TL Cayennepfeffer,
1/2 TL frisch gemahlener schwarzer Pfeffer, 1 1/2 TL Salz,
2 EL Zitronensaft, 2 EL Olivenöl

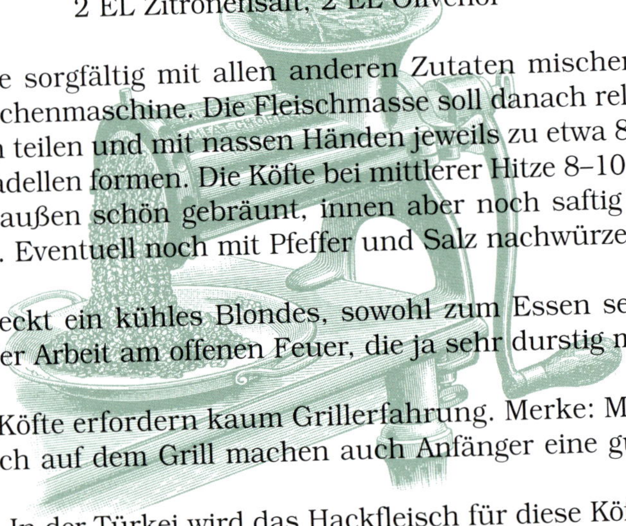

Das Lammgehackte sorgfältig mit allen anderen Zutaten mischen, das geht am besten mit einer Küchenmaschine. Die Fleischmasse soll danach relativ fest sein. In 16 gleiche Portionen teilen und mit nassen Händen jeweils zu etwa 8 Zentimeter langen, schmalen Frikadellen formen. Die Köfte bei mittlerer Hitze 8–10 Minuten grillen, danach sollten sie außen schön gebräunt, innen aber noch saftig sein. Dabei alle 2 Minuten wenden. Eventuell noch mit Pfeffer und Salz nachwürzen.

- Dazu schmeckt ein kühles Blondes, sowohl zum Essen selbst als auch schon bei der Arbeit am offenen Feuer, die ja sehr durstig macht.

- Die Köfte erfordern kaum Grillerfahrung. Merke: Mit Lammfleisch auf dem Grill machen auch Anfänger eine gute Figur!

- In der Türkei wird das Hackfleisch für diese Köfte traditionell um flache Metallspieße gedrückt und gegrillt.

Pikante Teigtaschen

200 g TK-Blätterteig
Für die Füllung:
60 g Schinkenspeck, 100 g Schafskäse, 1 kleine Zwiebel,
1 Knoblauchzehe, 2 Stängel Petersilie, 1 Ei, Salz,
frisch gemahlener Pfeffer
Außerdem:
Mehl für die Arbeitsfläche, 1 Eigelb zum Bestreichen

Die Blätterteigscheiben nebeneinander auf einer bemehlten Arbeitsfläche auftauen lassen. Den Backofen auf 200 °C (Umluft 180 °C, Gas Stufe 3) vorheizen. Für die Füllung Schinkenspeck und Schafskäse in kleine Würfel schneiden. Zwiebel und Knoblauch schälen und fein würfeln. Petersilie abbrausen, trockentupfen und fein hacken. Alle vorbereiteten Zutaten mit dem Ei vermischen und mit Salz und Pfeffer würzen.

Die aufgetauten Blätterteigscheiben quer halbieren. Auf jedes Teigquadrat etwa 1 Teelöffel der Füllung geben, zu rechteckigen Teigtaschen zusammenklappen und die Ränder mit einer Gabel gut andrücken.

Ein Backblech mit kaltem Wasser benetzen und die Taschen darauflegen. Das Eigelb mit wenig lauwarmem Wasser verrühren und die Teigtaschen damit bestreichen. Im vorgeheizten Backofen (mittlere Schiene) etwa 15 Minuten backen, bis die Teigtaschen goldbraun sind.

Für den Fußballabend

Fußball und Bier, das eine geht ohne das andere gar nicht! Und zwar ganz wie es jedem beliebt: aus der Dose, der Flasche oder dem Glas. Wer im Stadion seine Mannschaft anfeuern will, darf leider seit einigen Jahren „nur“ noch mit dem Plastikbecher anstoßen. Der zweite Nachteil dabei: Köstliche, kleine Pausensnacks zum Bierchen wie die folgenden kann der Fan im Stadion leider auch nicht erstehen. Aber von zu Hause mitbringen könnte er sie selbstverständlich …

Club-Sandwich

1 Römersalatherz, 250 g Tomaten, 4 Delikatessgurken (ca. 10 cm lang), 8 Scheiben Bacon (Frühstücksspeck), 4 kleine Rindersteaks (à 80 g), Salz, frisch gemahlener Pfeffer, 12 Scheiben Sandwichtoast, 6–8 EL Dijon-Senfcreme, Cocktailspießchen oder Zahnstocher

Den Backofen zum Warmhalten auf 60 °C vorheizen. Den Salat putzen, abbrausen, trockenschleudern und in feine Streifen schneiden. Die Tomaten vom Stielansatz befreien und in etwas dickere Scheiben schneiden. Gurken längs in Scheiben schneiden.

Die Bacon-Scheiben in einer Pfanne bei mittlerer Hitze ohne Zugabe von Fett auf beiden Seiten knusprig braten, danach auf Küchenpapier abtropfen lassen und im Backofen warm halten. Die Steaks in der gleichen Pfanne beidseitig bei hoher Temperatur jeweils 1–2 Minuten braten. Salzen und pfeffern, aus der Pfanne nehmen und ebenfalls warm stellen.

Die Brotscheiben toasten und abkühlen lassen. Die Toasts auf einer Seite mit der Senfcreme bestreichen, 4 Toasts auch auf der anderen Seite mit Senf versehen. Nun für 4 Sandwiches die Zutaten in dieser Reihenfolge stapeln: Einseitig mit Senf bestrichener Toast, etwas Salat, Steak, Gurken, zweiseitig mit Senf bestrichener Toast, Salat, Bacon, Tomaten, einseitig bestrichener Toast mit der Senfseite nach unten. Die Sandwiches leicht zusammendrücken, mit einem scharfen Messer vorsichtig diagonal durchschneiden und in jede Hälfte ein Spießchen oder einen Zahnstocher stecken, damit sie nicht auseinander fallen.

Cabanossi-Gemüse-Quiche

Für den Teig:
125 g Magerquark, 3 EL Milch, 2 EL Olivenöl,
1 Prise Salz, 1 Ei, 220 g Mehl, 1 TL Backpulver
Für den Belag:
1 rote Paprikaschote, 1 gelbe Paprikaschote,
1 kleine Fenchelknolle, 2 Zwiebeln, 3 Knoblauchzehen,
250 g Cabanossi, 2 EL Olivenöl, 1 Stängel Rosmarin,
Cayennepfeffer, Salz, frisch gemahlener Pfeffer
Für den Guss:
200 g Schmand, 2 Eier, 100 g geriebener Hartkäse
(z. B. Parmesan), Salz, frisch gemahlener Pfeffer
Außerdem:
Fett für die Form

Für den Teig den Quark mit Milch, Öl, Salz und dem Ei cremig rühren. Das Mehl mit dem Backpulver mischen, erst eine Hälfte unterrühren, dann das restliche Mehl unterkneten. Eine gefettete Quiche- oder Gratinform mit dem Teig auslegen, einen Rand hochziehen und die Form kühl stellen.

Für den Belag die Paprikaschoten längs vierteln, von Stielansatz, Samen und Scheidewänden befreien und quer in Streifen schneiden. Fenchel putzen und harte Rippen entfernen, das Grün beiseite legen. Die Knolle längs vierteln und quer in Scheiben schneiden. Zwiebeln und Knoblauch schälen, beides würfeln. Die Cabanossi in dünne Scheiben schneiden.

In einer großen Pfanne das Olivenöl erhitzen und das Gemüse

und den Rosmarin bei mittlerer Hitze 4–5 Minuten andünsten, danach kräftig mit Cayennepfeffer, Salz und Pfeffer würzen. Den Rosmarin entfernen.

Den Backofen auf 200 °C (Umluft 180 °C, Gas Stufe 3) vorheizen.

Für den Guss Schmand und Eier verrühren, den Käse untermischen, salzen und pfeffern. Gemüse und Wurstscheiben gleichmäßig auf dem Boden verteilen und mit dem Guss übergießen. Die Quiche in den vorgeheizten Backofen (mittlere Schiene) schieben und in 40–45 Minuten goldbraun backen.

Diese Quiche schmeckt am besten lauwarm, lässt sich aber gut schon lange vor dem Essen zubereiten. Einfach im ausgeschalteten Ofen stehen lassen. Wenn es länger dauert, schadet auch ein kurzes Aufbacken nicht.

Kleine Frikadellen

2 Brötchen vom Vortag, 100 ml lauwarmes Wasser,
1 mittelgroße Zwiebel, 1 EL Butter,
500 g Hackfleisch (halb Rind und halb Schwein),
2 Eier, 2 EL gehackte Petersilie,
1/2 TL getrockneter Majoran, frisch geriebene Muskatnuss,
Salz, frisch gemahlener Pfeffer, 4 EL Butterschmalz

Die Brötchen quer in Scheiben schneiden, mit dem Wasser übergießen und einweichen lassen. Zwiebel schälen und fein würfeln. Die Butter in einer Pfanne erhitzen und die Zwiebeln darin glasig dünsten.

Das Hackfleisch in eine Schüssel geben. Die Brötchenscheiben gut ausdrücken und zusammen mit den Zwiebeln zum Fleisch geben. Eier, Petersilie und Gewürze ebenfalls zugeben und alles zu einem geschmeidigen Fleischteig vermengen. Aus der Masse mit feuchten Händen 16 Bällchen formen.

In einer großen oder zwei kleinen Pfannen das Butterschmalz erhitzen. Die Frikadellen darin portionsweise rundherum bei starker Hitze anbraten, dann die Hitze reduzieren und in etwa 10 Minuten fertig braten.

Matjestaler

100 g Bacon (Frühstücksspeck), 1 rote Zwiebel,
1 EL Butter, 1 großer säuerlicher Apfel (z. B. Boskop),
1–2 TL Zitronensaft, 6 Matjesfilets, 32 Pumpernickeltaler,
Butter zum Bestreichen, 1 EL Schnittlauchröllchen,
frisch gemahlener Pfeffer

Den Speck in feine Streifen schneiden. Die Zwiebel schälen und in dünne Ringe schneiden. Butter in einer Pfanne erhitzen, zuerst die Speckstreifen bei mittlerer Hitze darin ausbraten, dann die Zwiebelringe zugeben und mitbraten, bis sie goldbraun sind.

Inzwischen den Apfel vierteln, vom Kerngehäuse befreien und jedes Viertel quer in 8 dünne Scheiben schneiden. Die Apfelscheiben mit dem Zitronensaft beträufeln, damit sie nicht braun werden. Die Matjesfilets jeweils in 5–6, insgesamt 32 Stücke schneiden.

Die Pumpernickeltaler dünn mit Butter bestreichen. Jeden Taler erst mit einem Apfelscheibchen, dann mit einem Stück Matjes belegen. Die Schnittlauchröllchen unter die Speck-Zwiebel-Mischung heben und diese auf den Matjestalern verteilen. Mit Pfeffer übermahlen und lauwarm servieren.

Mit mexikanischem Pfiff

Zu den Spezialitäten aus der mittelamerikanischen Küche in diesem Kapitel schmeckt besonders gut eines der Goldbiere, die inzwischen von allen großen Brauereien hergestellt werden. Diese leichten Biere sind die Shootingstars der letzten Jahre. Sie schmecken ähnlich wie mexikanisches Bier und werden stilvoll mit Limetten- oder Zitronenachteln garniert. Aber natürlich passt auch ein herbes Pils.

Tostadas mit Hähnchen

500 g Hähnchenbrustfilets, 2 Zwiebeln, 3 Knoblauchzehen, 400 ml Hühnerbrühe, 800 g Fleischtomaten, 2 rote Chilischoten, 1 Bund Koriander, Salz, frisch gemahlener schwarzer Pfeffer, Öl zum Braten, 8–10 Salatblätter, 100 g mexikanischer Queso fresco (ersatzweise Feta), 1 reife Avocado, 8 Mais-Tortillas, 8 EL Crème fraîche

Hähnchenfilets abbrausen und trockentupfen, Zwiebeln und Knoblauch schälen. Eine Zwiebel halbieren und eine Hälfte mit 2 Knoblauchzehen und den Hähnchenbrustfilets in einen Topf geben. Hühnerbrühe angießen, alles langsam zum Kochen bringen und das Fleisch im geschlossenen Topf bei geringer Hitze in etwa 30 Minuten garziehen lassen. Herausnehmen und abkühlen lassen.
Inzwischen die Tomaten überbrühen, häuten, von Stielansatz und Kernen befreien. Die Chilischoten halbieren und von Samen und Scheidewänden befreien. Zusammen mit den Tomaten, den restlichen Zwiebeln und Knoblauch im Mixer pürieren. Koriander abbrausen und trockentupfen, Blättchen abzupfen, fein hacken und unter die Sauce mischen. Mit Salz und Pfeffer würzen.
Das abgekühlte Hähnchenfleisch in kleine Würfel schneiden. Die Salatblätter abbrausen, trockentupfen und in Streifen schneiden. Den Käse raspeln. Avocado halbieren, den Kern und die Schale entfernen, danach das Fruchtfleisch längs in Spalten schneiden.
Die Tortillas nacheinander in einer Pfanne in heißem Öl kurz beidseitig braten, damit sie weich werden. Je zwei Fladen auf einen Teller legen und mit der Tomatensauce bestreichen, darauf anteilig das Hähnchenfleisch verteilen und die restliche Sauce darübergießen. Mit dem geriebenen Käse, Salat, Avocado und je 1 Esslöffel Crème fraîche garnieren und sofort servieren, damit die Tortillas nicht aufweichen.

Tortillas gibt es vakuumverpackt in den Spezialitäten-Abteilungen gut sortierter Supermärkte.

Chili con Carne

1 Zwiebel, 2 Knoblauchzehen, 2 EL Öl,
400 g Hackfleisch vom Rind, 2 EL Tomatenmark,
1 EL rosenscharfes Paprikapulver, 1 kleine Dose Pizzatomaten
(à 400 g), 3/4 l heiße Gemüsebrühe, 2 kleine Dosen rote Bohnen
(à 400 g), je 1 kleine grüne und rote Paprikaschote, 1 frische Chilischote,
1 EL Oregano, 1/2 TL gemahlener Kreuzkümmel, Salz,
frisch gemahlener Pfeffer, Cayennepfeffer

Die Zwiebel und den Knoblauch schälen und fein hacken. Öl in einem Suppentopf erhitzen und das Hackfleisch darin krümelig anbraten. Zwiebeln und Knoblauch unterrühren. Tomatenmark und Paprika zugeben und kurz mitschwitzen. Mit den Pizzatomaten und der Brühe aufgießen und alles zugedeckt etwa 20 Minuten bei geringer Hitze köcheln lassen.
Inzwischen die roten Bohnen in ein Sieb geben und gründlich abbrausen. Paprikaschoten längs vierteln, Chilischoten längs halbieren, beides von Stielansatz, Samen und Scheidewänden befreien. Paprika quer in Streifen, Chilischote in feine Ringe schneiden. Bohnen und Gemüse in den Suppentopf geben, mit Oregano und Kreuzkümmel würzen und alles weitere 10 Minuten leise köcheln lassen.
Vor dem Servieren das Chili con Carne mit Salz, Pfeffer und Cayennepfeffer kräftig abschmecken. Dazu schmecken Tortillachips. Und wer mag, krönt das Chili noch mit einem Klecks saurer Sahne.

Es wird immer wieder diskutiert, ob dieser scharfe Bohneneintopf mit Rindergehacktem oder Rindfleisch in Würfeln zubereitet werden soll. Beides ist natürlich möglich und gleichermaßen lecker, aber schneller fertig ist das Chili selbstverständlich mit Hackfleisch!

Guacamole

1/2 Limette, 1 große vollreife Avocado,
1 Knoblauchzehe, 1 rote Chilischote, 4–5 Stängel Koriander,
Salz, frisch gemahlener schwarzer Pfeffer,
1/2 TL gemahlener Kreuzkümmel

Die Limette auspressen. Die Avocado halbieren, den Kern entfernen, das Fruchtfleisch aus der Schale lösen und mit der Gabel sorgfältig zerdrücken. Sofort mit dem Limettensaft mischen, damit sich das Püree nicht verfärbt. Knoblauchzehe schälen und zur Avocado pressen. Die Chilischote von Stielansatz, Samen und Scheidewänden befreien und fein würfeln. Koriander abbrausen und trockentupfen, die Blättchen anzupfen, fein hacken und mit den Chiliwürfeln zum Avocadopüree geben. Alle Zutaten vermischen und mit Salz, Pfeffer und Kreuzkümmel würzen. Die Guacamole zusammen mit Tortillachips oder auf gerösteten Weißbrotscheiben servieren.

Mexikanisches Bier oder auch ein anderes Goldbier schmecken wunderbar dazu. Aber Pils und Weizenbier passen ebenfalls.

Putenschnitzel mit Schokoladensauce

Schokolade als Saucenzutat? In Mexiko ist das Tradition, dort peppt sie zusammen mit scharfen Chilis Fleischgerichte auf und heißt dann Molesauce. Dieses hier gehört dort zu den beliebtesten Rezepten.

6 getrocknete Chilischoten,
2 frische rote Chilischoten, 4 EL Öl,
100 g geschälte Erdnüsse, 2 EL Sesamsamen,
1 kurze Zimtstange, 1 Msp. Anissamen,
1 grob gewürfelte Zwiebel,
4 gehackte Knoblauchzehen, 50 g Rosinen,
1 Prise Nelkenpulver, 1 Prise gemahlener Koriander,
1 Paket pürierte Tomaten (400 g),
50 g Blockschokolade, 3/8 l Geflügelbrühe,
4 Putenschnitzel (à 150–200 g), Salz,
frisch gemahlener schwarzer Pfeffer

Die getrockneten Chilischoten halbieren, die frischen vom Stielansatz und wie die getrockneten von Samen und Scheidewänden befreien. Die frischen Schoten fein würfeln und beiseite stellen.

In einer Pfanne 2 Esslöffel Öl erhitzen, die getrockneten Chilischoten darin 2 Minuten braten, in eine Tasse geben und zum Quellen mit heißem Wasser übergießen. In dem verbliebenen Bratfett die Erdnüsse bei mittlerer Hitze goldgelb rösten, aus der Pfanne nehmen und in einen Rührbecher umfüllen. Danach 1 Esslöffel Sesam, Zimtstange und Anis in der Pfanne rösten und zu den Erdnüssen geben. Nun Zwiebelwürfel, Knoblauch und frische Chiliwürfel in der Pfanne anbraten, Rosinen zugeben und ebenfalls mitbraten, bis sie prall sind. Alles mit den gequollenen, abgetropften Chilis in den Rührbecher geben, mit Nelke und Koriander würzen und pürieren.

Die pürierten Tomaten mit der Erdnuss-Zwiebel-Mischung in die Pfanne geben und aufkochen. Die Schokolade zerbröckeln und darin schmelzen lassen, die Brühe zugeben und alles 25 Minuten köcheln lassen.

Inzwischen die Putenschnitzel abbrausen, trockentupfen, mit Salz und Pfeffer würzen und im restlichen Öl von beiden Seiten kräftig anbraten. Aus der Pfanne nehmen, für etwa 15 weitere Minuten in die Molesauce legen und bei geringer Hitze mitziehen lassen.

Den restlichen Sesam in einer kleinen Pfanne ohne Fett rösten und vor dem Servieren über die Putenschnitzel und die Molesauce streuen. Dazu passt Reis und ein kühles Goldbier.

Genauso gut schmeckt die Sauce auch zu Hähnchenbrustfilets oder Hähnchenkeulen!

Kochen mit Bier

Dass Bier in der Küche eine gute Figur macht, wissen alle, die gerne Partys feiern und sich dort den nötigen Nachschub für die ausgetrocknete Kehle holen. Dass sich mit Bier auch kochen lässt, ist inzwischen vielleicht nicht mehr so bekannt. Unseren Großmüttern und Urgroßmüttern war noch das eine oder andere traditionelle Rezept wie Biersuppe geläufig, aber mittlerweile geraten diese Gerichte mehr und mehr in Vergessenheit. Schade, denn die feinherbe Würze von Bier eignet sich nicht nur für Suppen, sie macht auch Sonntagsbraten samt Sauce delikat. Und sogar Süßschnäbel werden überrascht sein, wie gut Zucker und Bier zusammengehen. In diesem Sinne „Prost Mahlzeit!“ für das Kochen mit Bier …

Suppen mit Bier

Ein Süppchen in Ehren kann niemand verwehren – aber haben Sie schon mal eines auf Bierbasis probiert? Beginnen Sie mit der Zwiebel-Bier-Suppe, und lassen Sie sich überraschen, wie gut die Süße der Zwiebeln mit dem würzigen Bier harmoniert. Als Auftakt für ein feines Menü eignet sich das Bier-Gurken-Süppchen mit Räucheraal. Wer es dagegen so richtig deftig mag, dem schmeckt bestimmt die Biersuppe mit Speck.

Überbackene Zwiebel-Bier-Suppe

300 g Zwiebeln, 1 Knoblauchzehe,
100 g Butter, 1 TL brauner Zucker, 2 EL Mehl,
1 geh. EL rosenscharfes Paprikapulver, 100 ml helles Bier,
1 l Fleischbrühe, Salz, frisch gemahlener schwarzer Pfeffer,
1 Prise gemahlener Kümmel, abgeriebene Schale von
1 unbehandelten Zitrone, 4 Scheiben Toastbrot, 100 g Gruyère

Die Zwiebeln schälen und in dünne Scheiben schneiden, Knoblauch schälen und fein würfeln. Butter bei mittlerer Hitze in einem Topf zerlassen, Zwiebeln, Knoblauch und Zucker zugeben und etwa 20 Minuten darin braten, danach sollten die Zwiebeln weich und goldgelb karamellisiert sein. Das Mehl darin hellbraun anschwitzen, das Paprikapulver zufügen und sofort mit dem Bier ablöschen. Glatt rühren, die Brühe zugießen und die Suppe bei geringer Hitze etwa 15 Minuten köcheln lassen. Den Grill des Backofens vorheizen.

Die Suppe mit Salz, Pfeffer, Kümmel und Zitronenschale würzen. In 4 große ofenfeste Suppentassen geben. Brotscheiben toasten und wenn nötig für die Suppentassen passend zuschneiden. Den Käse in 4 große oder 8 kleine Scheiben schneiden. In jede Suppentasse eine Scheibe Brot geben, mit einer großen oder 2 kleinen Scheiben Käse belegen und im vorgeheizten Backofen unter dem Grill goldbraun überbacken.

Dazu passt Pils, Kölsch oder Altbier.

Bier-Gurken-Süppchen mit Räucheraal

1 Schalotte, 1 1/2 Bio-Salatgurken, 2 EL Butter,
100 ml Pils, 600 ml Fischfond, 180 ml Sahne,
150 g Räucheraal, Salz, frisch gemahlener Pfeffer,
1 EL gehackter Dill

Die Schalotte schälen und fein würfeln. 1 Gurke schälen, längs halbieren, von den Kernen befreien und in Würfel schneiden. Butter in einem Topf zerlassen und die Schalottenwürfel darin andünsten. Gurkenwürfel zugeben, beides glasig werden lassen, mit dem Bier ablöschen, Fischfond und die Hälfte der Sahne zugeben und alles 15 Minuten zugedeckt köcheln lassen.

Inzwischen die halbe Gurke gut waschen und mit Schale in 1 Zentimeter große Würfel schneiden. Vom Aal die äußere Haut abziehen, das Aalfleisch von der mittleren Gräte lösen und ebenfalls klein würfeln. Die restliche Sahne halb steif schlagen. Die Suppe pürieren, die geschlagene Sahne unterziehen, mit Salz und Pfeffer würzen. Suppe vorsichtig nochmals erwärmen und die Gurken- und Aalwürfel kurz darin heiß werden lassen, dabei sollte die Suppe nicht mehr kochen. In vorgewärmten Tellern anrichten und mit Dill bestreut servieren.

Dazu passt ein Pils.

Deftige Biersuppe mit Speck

2 Laugenbrezn (Rezept S. 26, ersatzweise Brötchen), 1 große Zwiebel, 2 EL Butter, 400 ml Brühe, 400 ml helles Bier, 100 ml Sahne, 75 g gewürfelter Schinkenspeck, Salz, frisch gemahlener schwarzer Pfeffer, 100 g frisch geriebener Emmentaler, 2 EL Schnittlauchröllchen

Die Laugenbrezn in kleine Würfel schneiden. Die Zwiebel schälen und fein würfeln. Butter in einem Topf erhitzen, Zwiebelwürfel darin andünsten, dann die Laugenbrezn zugeben und anbraten. Mit Brühe, Bier und Sahne ablöschen und die Suppe bei geringer Hitze etwa 15 Minuten köcheln lassen.
Inzwischen den Speck in einer Pfanne bei mittlerer Hitze ausbraten. Die Suppe mit Salz und Pfeffer würzen. Kurz vor dem Servieren den Käse einrühren. Suppe auf 4 vorgewärmte tiefe Teller verteilen und jeweils etwas Speck in die Mitte geben. Mit den Schnittlauchröllchen bestreuen und servieren.

Dazu passt Pils oder Altbier.

Bierselige Snacks

Diese netten Kleinigkeiten passen zu vielen Gelegenheiten. Sie eignen sich als Vorspeise ebenso gut wie als Appetithappen oder kleine Mahlzeit, wenn gute Freunde auf ein Bierchen vorbeikommen. Auch ein Abend im Pantoffelkino lässt sich kulinarisch abrunden, wenn die bierseligen Snacks ins Spiel kommen. Und weil das Bier gegen den Durst ja sowieso schon im Kühlschrank liegt, kann gar nichts mehr schief gehen.

Blutwurst-Apfel-Schnittchen

Bier und Blutwurst ist im Rheinland eine beliebte Kombination. Dabei ist es ganz egal, ob der Durst wie in Düsseldorf mit Alt oder wie in Köln mit Kölsch gelöscht wird.

3 Äpfel (am besten Cox Orange), 2 EL Zucker, 200 ml Altbier, 200 g Blutwurst, Fett zum Braten, 8 Scheiben Zwiebelbrot

Die Äpfel schälen, vierteln, entkernen und jedes Viertel in 3 Spalten schneiden. Zucker in einer Pfanne karamellisieren, mit Bier ablöschen und die Apfelspalten darin in 3–4 Minuten bissfest dünsten, vom Herd nehmen. Blutwurst in 1,5 Zentimeter dicke Scheiben schneiden. In einer zweiten Pfanne das Fett erhitzen und die Wurst bei starker Hitze auf jeder Seite 3 Minuten knusprig braten. Apfelspalten auf den Brotscheiben verteilen, je 2 Blutwurstscheiben darauflegen und sofort servieren.

Sauerkrautküchlein mit Lachstatar

200 g Mehl, 1 Msp. Salz, 1/4 l Pils, 4 Eier, 1 EL Schnittlauchröllchen, 400 g Sauerkraut, Butterschmalz zum Braten, 200 g Räucherlachs, 1 Schalotte, 1 Bund Dill, Salz, frisch gemahlener schwarzer Pfeffer, 1 Prise Zucker, 150 g Schmand

Aus Mehl, Salz, Bier und Eiern einen glatten Teig herstellen, den Schnittlauch unterrühren und den Teig 30 Minuten quellen lassen. Inzwischen das Sauerkraut gut abtropfen lassen, klein schneiden und unterrühren. In einer Pfanne das Butterschmalz erhitzen und aus dem Teig kleine Küchlein backen, warm stellen. Den Lachs fein würfeln. Schalotte schälen und ebenfalls fein würfeln. Dill abbrausen, trockentupfen und klein schneiden. Den Lachs mit Schalotten und Dill mischen, mit Salz, Pfeffer und Zucker würzen. Küchlein mit dem Tatar und Schmand servieren.

Welsh Rarebits

200 g Cheddar oder Chester, 1 EL Butter,
5 EL helles Bier, Salz, frisch gemahlener Pfeffer,
1 TL Senfpulver (ersatzweise 3 TL scharfer Senf),
1 Spritzer Tabasco, 1 Spritzer Worcestersauce,
8 Scheiben Toastbrot

Den Backofen auf 200 °C (Umluft 180 °C, Gas Stufe 3) vorheizen. Den Käse grob reiben. Butter in einem Topf zerlassen, ohne dass sie bräunt. Das Bier zugießen, den Käse einrühren und bei geringer Hitze schmelzen lassen. Zum Schluss die dickliche Käsemasse mit Salz, Pfeffer, Senfpulver, Tabasco und Worcestersauce würzen und vom Herd nehmen.

Die Brotscheiben leicht toasten, auf ein mit Backpapier ausgelegtes Blech legen und die Käsemasse auf die Scheiben streichen. Brote im vorgeheizten Backofen (mittlere Schiene) etwa 15 Minuten backen, danach sollte die Käsemasse leicht gebräunt sein.

Perfekt passt dazu das helle Bier, mit dem die Käsemasse zubereitet wurde, ein Alt oder Kölsch schmeckt mir ebenfalls zu diesem walisischen Leckerbissen.

Bier-Spinat-Risotto mit Chorizo

1 Zwiebel, 1 große Möhre, 250 g Bergkäse, 40 g Butter, 250 g Risottoreis (z. B. Arborio oder Carnaroli), 150 ml Pils oder Weizenbier, 600–700 ml heiße Gemüsebrühe, 200 g aufgetauter TK-Blattspinat, Meersalz, frisch gemahlener Pfeffer, 2 Chorizowürste

Die Zwiebel schälen und fein würfeln, die Möhre schälen und in 1/2 Zentimeter große Würfel schneiden. Vom Bergkäse ein Viertel am Stück abschneiden und beiseite legen, den Rest würfeln.

Butter in einem Topf zerlassen, Zwiebel und Möhre darin andünsten. Den Reis einstreuen und rühren, bis alle Körner mit einem Fettfilm überzogen sind, mit dem Bier ablöschen und fast vollständig verdampfen lassen. Gemüse und Reis knapp mit Brühe bedecken und rühren, bis die Flüssigkeit fast verdampft ist. Den Vorgang wiederholen, bis die Brühe fast aufgebraucht ist. Nach etwa 15 Minuten Kochzeit den Spinat zugeben und unterrühren. Eventuell noch den letzten Rest Brühe zugeben, weitergaren und rühren, bis der Reis cremig ist, aber noch Biss hat. Die Käsewürfel unterrühren. Den Risotto, salzen, pfeffern, vom Herd nehmen und noch einige Minuten ruhen lassen. Inzwischen die Chorizo in Scheiben schneiden und in einer Pfanne kross braten.

Den Risotto auf 4 vorgewärmte Teller verteilen und die Chorizoscheiben dekorativ hineinstecken. Restlichen Bergkäse mit einer groben Reibe großzügig darüberhobeln und sofort servieren.

Dazu schmeckt das Bier, mit dem auch gekocht wurde. Übrigens eignet sich auch alkoholfreies Bier für dieses Gericht!

Gemüse in Bierteig mit Senf-Honig-Dip

300 g Brokkoli,
300 g Champignons gleicher Größe
Für den Bierteig:
3 Eier, 1/2 TL Salz, frisch gemahlener Pfeffer,
1 TL Backpulver, 150 g Mehl, 150 ml Pils,
120 g geriebener Emmentaler
Für den Senf-Honig-Dip:
150 g Crème fraîche 1–2 TL Dijonsenf, 1 TL Honig,
1 TL Zitronensaft
Außerdem:
1,5 l Öl zum Frittieren, Salatblätter
zum Anrichten

Für den Bierteig Eier, Salz und Pfeffer mit den Quirlen des Handrührers schaumig schlagen. Mit Backpulver gemischtes Mehl untermischen, dann das Bier zufügen und unterrühren. Den Teig etwa 30 Minuten quellen lassen.

Inzwischen den Brokkoli putzen und in 2–3 Zentimeter große Röschen teilen. Die Champignons ebenfalls putzen. Für den Senf-Honig-Dip Crème fraîche, Senf, Honig und Zitronensaft verrühren, salzen und pfeffern.

Nach dem Ausquellen den Käse unter den Bierteig rühren. Falls der Teig zu dickflüssig ist, noch etwas Bier zugeben.

Das Öl in einem breiten Topf oder einer Fritteuse erhitzen. Das geputzte Gemüse mit einer Gabel in den Bierteig tauchen und portionsweise im heißen Öl goldgelb frittieren. Mit einer Schaumkelle herausheben, auf Küchenpapier abtropfen lassen und warm stellen, bis alles Gemüse frittiert ist.

Ausgebackene Brokkoliröschen und Champignons auf einer mit knackigen Salatblättern ausgelegten Platte anrichten und mit dem Senf-Honig-Dip in einem Extraschälchen sowie Baguette servieren.

Zum Frittieren eignen sich auch Blumenkohlröschen, Zwiebelringe, Kürbisstückchen und Rosenkohl.

Dazu schmeckt ein frisches Pils, aber auch ein Export oder Weizenbier passt.

Fischiges und Fleischiges

Fisch muss schwimmen. Dass er das auch in Bier gut kann, beweisen die Rezepte in diesem Kapitel. Und auch Muscheln machen in Biersud eine gute Figur, unsere belgischen Nachbarn wissen das längst. Mehr Sauce werden Ihre Lieben mit Sicherheit bei den beiden Sonntagsbraten verlangen. Mit Schwarzbier beziehungsweise mit rotblondem Bier geschmort sind beide Braten einfach zum Reinlegen.

Belgischer Muscheltopf

In keinem anderen europäischen Land werden so viele unterschiedliche Biere gebraut wie in Belgien. An der Spitze in der europäischen Statistik liegt dort auch der Pro-Kopf-Verbrauch an Bier. Am spritzigsten ist das helle „Witte Bier“, etwas säuerlich das „Geuze“. Bei dem gehaltvolleren „Leffe“ kann der Bierfreund zwischen einer hellen und einer dunklen Sorte wählen. Vorsicht ist bei den malzigen Sorten wie „Tipel“ geboten, untrainierten Zechern gehen sie schnell in die Beine. Hier ist ein typisches Gericht aus dem Land der Biergenießer.

2 kg geputzte Miesmuscheln, 3 Stangen Staudensellerie, 2 Möhren, 3 Zwiebeln, 2 EL Butter, 1/2 l belgisches „Witte Bier“, ersatzweise helles Hcfeweizen, Salz, frisch gemahlener schwarzer Pfeffer, 1 Bund Petersilie

Die Miesmuscheln in eine große Schüssel mit kaltem Wasser legen. Offene und beschädigte Muscheln aussortieren, nur geschlossene Exemplare verwenden. Die Muscheln in ein Sieb geben und gut abtropfen lassen.
Das Gemüse schälen bzw. putzen und klein schneiden, Zwiebeln würfeln. In einem großen Topf die Zwiebeln in der Butter kurz andünsten, restliches Gemüse zugeben und 5 Minuten mitdünsten. Die abgetropften Muscheln untermischen, mit dem Bier ablöschen, nochmal alles gut umrühren und 6–8 Minuten zugedeckt köcheln lassen. Zwischendurch am Topf rütteln, damit sich alle Muscheln gut öffnen können. Danach noch geschlossene Exemplare wegwerfen. Salzen, pfeffern und die Muscheln mit gehackter Petersilie bestreut servieren.

In Belgien werden Muscheln traditionell zusammen mit Pommes frites serviert, mit frischem Baguette schmecken sie aber ebenfalls gut.

Dazu passt „Witte Bier“, ein Weizenbier oder auch ein Pils.

Zander auf cremigem Kölschkraut

600 g Sauerkraut, 1 Zwiebel, 1 EL Butter,
1 EL edelsüßes Paprikapulver, 1/2 l Kölsch,
100 g Crème fraîche, Salz, frisch gemahlener Pfeffer,
4 Zanderfilets mit Haut (à 150 g), 1–2 EL Mehl,
3 EL Pflanzenöl, 1–2 EL gehackte Petersilie

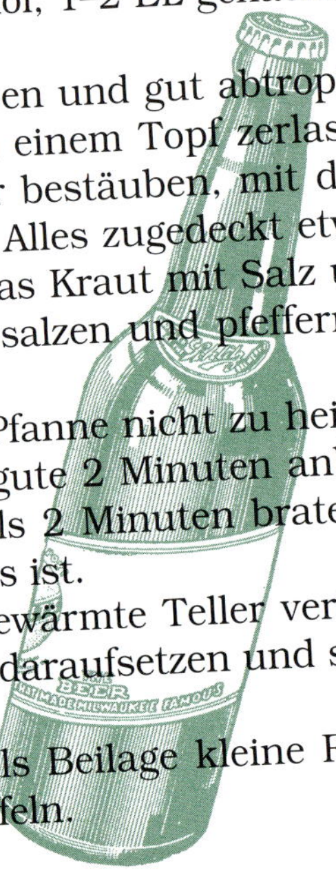

Das Sauerkraut in ein Sieb geben und gut abtropfen lassen. Die Zwiebel schälen und fein würfeln. Butter in einem Topf zerlassen und Zwiebel darin glasig dünsten. Mit dem Paprikapulver bestäuben, mit dem Kölsch ablöschen und das abgetropfte Sauerkraut zufügen. Alles zugedeckt etwa 1 Stunde garen. Danach die Crème fraîche unterheben und das Kraut mit Salz und Pfeffer würzen. Die Zanderfilets abbrausen, trockentupfen, salzen und pfeffern, die Hautseite mit etwas Mehl bestäuben.

Das Pflanzenöl in einer großen Pfanne nicht zu heiß werden lassen und die Fischfilets zuerst auf der Hautseite gute 2 Minuten anbraten. Den Fisch wenden und auf der anderen Seite ebenfalls 2 Minuten braten. Nochmals wenden und die Hautseite braten, bis sie kross ist.

Das Sauerkraut auf 4 vorgewärmte Teller verteilen und mit Petersilie bestreuen, je ein Zanderfilet daraufsetzen und servieren.

- Dazu passen als Beilage kleine Röstis, Kartoffelpüree oder Salzkartoffeln.

- Ein Kölsch zu diesem Essen ist ein Muss!

Karpfengulasch in Biersauce

1 küchenfertiger Karpfen (ca. 1,2 kg), 2 Zwiebeln, 1/2 unbehandelte Zitrone, 2 EL Butter, 1 Lorbeerblatt, 6 Wacholderbeeren, 2 TL brauner Zucker, 1/2 l dunkles Bier oder Malzbier, 40 g Saucenlebkuchen, 50 g Rosinen, 4 EL eingelegte Silberzwiebeln, Salz, frisch gemahlener Pfeffer

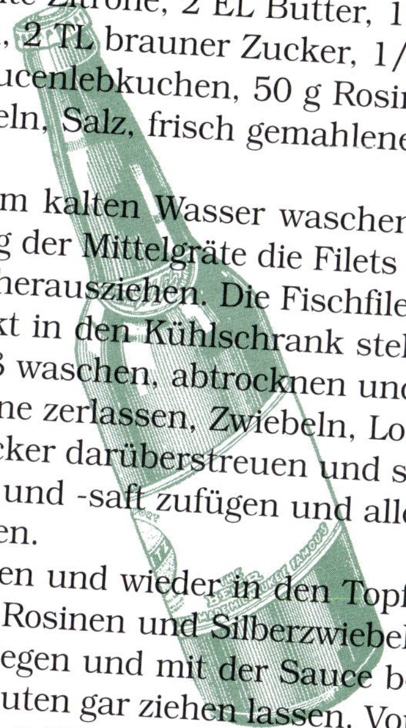

Den Karpfen unter fließendem kalten Wasser waschen und trockentupfen. Mit einem scharfen Messer entlang der Mittelgräte die Filets auslösen, die Haut entfernen, Gräten mit einer Pinzette herausziehen. Die Fischfilets in 2–3 Zentimeter große Würfel schneiden und zugedeckt in den Kühlschrank stellen. Zwiebeln schälen und fein würfeln. Zitronenhälfte heiß waschen, abtrocknen und den Saft auspressen. Die Butter in einer Schmorpfanne zerlassen, Zwiebeln, Lorbeerblatt und Wacholderbeeren darin anbraten. Den Zucker darüberstreuen und schmelzen lassen, mit dem Bier ablöschen, Zitronenschale und -saft zufügen und alles zugedeckt bei mittlerer Hitze 20 Minuten köcheln lassen.

Die Sauce durch ein Sieb seihen und wieder in den Topf geben. Lebkuchen zerpflücken und darin auflösen, Rosinen und Silberzwiebeln zufügen, salzen und pfeffern. Fischstücke hineinlegen und mit der Sauce beschöpfen, zugedeckt bei geringer Hitze in 10 Minuten gar ziehen lassen. Vor dem Servieren das Fischgulasch nochmals mit Zitronensaft, Salz und Zucker abschmecken. Dazu Petersilienkartoffeln reichen.

Dazu passt ein dunkles Bier oder ein Lager.

Rinderbraten in pikanter Biersauce

Für 4–6 Personen
1 kg Rinderbraten (Bug oder Lende),
Salz, frisch gemahlener Pfeffer, 1 Möhre,
150 g Knollensellerie, 2 Zwiebeln, 1 Knoblauchzehe,
2 EL Butterschmalz, 1/2 l Schwarzbier, 3 EL Sojasauce,
2 EL Johannisbeergelee, 3 Stängel Thymian,
4 Wacholderbeeren, 3 EL Mehl, 100 ml Sahne

Das Fleisch abbrausen, trockentupfen und mit Salz und Pfeffer einreiben. Das Gemüse schälen bzw. putzen und fein würfeln.
In einer Schmorpfanne das Butterschmalz erhitzen und das Fleisch von allen Seiten anbraten. Gewürfeltes Gemüse zugeben und bei mittlerer Hitze mitbraten. Mit der Hälfte des Bieres ablöschen und aufkochen lassen, die Sojasauce und das Gelee zugeben. Thymian abbrausen und die Blättchen von den Stielen zupfen, Wacholderbeeren im Mörser zerstoßen, beides in den Topf geben. Noch ein wenig Bier nachgießen und das Fleisch zugedeckt 2 Stunden bei geringer Hitze schmoren lassen.

Währenddessen zweimal wenden, dabei jeweils etwas vom Bier zugießen, bis es aufgebraucht ist.

Das gegarte Fleisch aus der Sauce nehmen und etwas ruhen lassen. Inzwischen die Sauce zusammen mit dem Gemüse pürieren oder durch ein Sieb passieren. Das Mehl in der Sahne anrühren. Die Sauce aufkochen lassen, die Mehl-Sahne-Mischung einrühren und weitere 10 Minuten köcheln lassen, mit Salz und Pfeffer abschmecken. Das Fleisch in 1 Zentimeter dicke Scheiben schneiden und erneut in der Sauce erhitzen. Beides zusammen servieren.

- Dazu passen als Beilage Spätzle, Klöße oder auch Salzkartoffeln und Rotkohl oder Rosenkohl.

- Zum Braten schmeckt sowohl das Schwarzbier, mit dem die Sauce zubereitet wird, als auch ein Alt oder Kölsch.

Ducksteiner Krustenbraten

Für 6–8 Personen

1,5 kg Schweinebraten mit Schwarte, Salz, frisch gemahlener Pfeffer, 1 TL gemahlener Kümmel, 1/8 l heißes Wasser, 2 Zwiebeln, 1 große Möhre, 1/2 l Duckstein (obergäriges, rotblondes Bier)

Den Backofen auf 240 °C (Umluft ist nicht empfehlenswert! Gas Stufe 4–5) vorheizen. Den Schweinebraten waschen und trockentupfen. Die Schwarte mit einem scharfen Messer rautenförmig einschneiden. Das Fleisch rundherum mit Salz einreiben, mit Pfeffer und Kümmel bestreuen, dabei bitte darauf achten, dass die Gewürze auch zwischen die

Einschnitte in der Schwarte gelangen.

Fleisch mit der Schwarte nach oben in einen Bräter legen. Das heiße Wasser angießen, in den vorgeheizten Ofen schieben und 30 Minuten braten.

Inzwischen Zwiebeln und Möhre schälen und in grobe Stücke schneiden. 100 Milliliter Bier erwärmen. Nach 30 Minuten Bratzeit die Temperatur des Backofens auf 190 °C (Gas Stufe 3) zurückschalten, das Gemüse um den Braten herumlegen und das warme Bier angießen. Ca. 1 1/2 Stunden weiterbraten, dabei nach und nach das restliche erwärmte Bier zugießen und das Fleisch mit dem Bratenfond beschöpfen. Das gegarte Fleisch aus dem Bräter nehmen und auf einer Platte im ausgeschalteten Backofen noch etwa 10 Minuten ruhen lassen.

Den Bratensaft mit dem Gemüse in einen Topf geben und pürieren. Bei Bedarf auf 1/2 Liter auffüllen. Die Sauce nochmal aufkochen und mit Salz und Pfeffer abschmecken. Den Braten in Scheiben schneiden und mit der Sauce servieren.

- Dazu passen Schupfnudeln, Semmel- oder Kartoffelknödel. Probieren Sie als Gemüsebeilage einen Bayrischen Krautsalat (Rezept S. 22).

- Erste Wahl als Getränk ist natürlich das Bier, mit dem der Braten zubereitet wurde. Es darf auch ein anderes obergäriges Bier, z. B. ein Kölsch oder Alt sein.

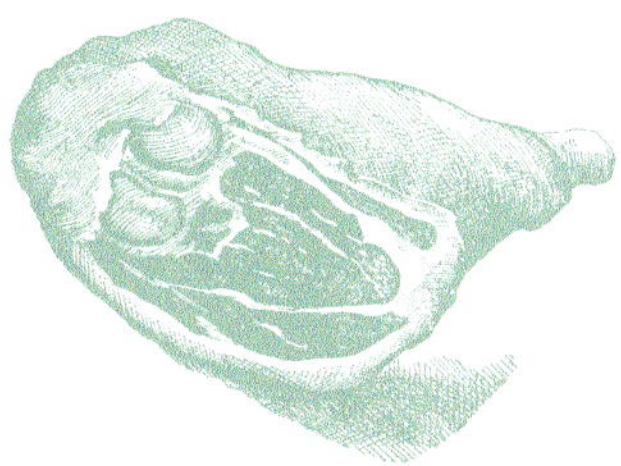

Für Süßschnäbel

„Warum sprudelt denn der Teig, Mami?" Diese Frage kommt garantiert, wenn Ihre Kinder beim Zubereiten des Waffelteiges mit Bier zuschauen. Sieht in jedem Fall lustig aus und schmeckt gebacken bestimmt nicht bitter. Genauso wenig wie die anderen Leckereien. Und die Spur Alkohol im Teig ist durch die Hitze bei der Zubereitung auch längst verflogen. Süßes und Bier? Ja das geht, sehr gut sogar.

Malzige Pancakes mit Blaubeeren

4 Eier, 1 Päckchen Vanillezucker, 1 Prise Salz,
200 g Mehl, 5 EL Milch, 5 EL Malzbier,
Butterschmalz zum Braten, 100 ml kalte Sahne,
350 g frische Blaubeeren (ersatzweise TK-Ware),
2 EL Butter, 2 EL Zucker

Die Eier mit Vanillezucker und Salz verrühren, das Mehl nach und nach darübersieben und alles zu einer glatten Masse verarbeiten. Erst zum Schluss die Milch und das Malzbier unterrühren. Den dicklichen Teig 40 Minuten quellen lassen.

In einer Pfanne etwas Butterschmalz erhitzen und darin portionsweise Pancakes von etwa 10 Zentimetern Durchmesser beidseitig hellbraun braten. Die fertigen Pancakes im auf 50 °C vogeheizten Backofen warm halten, bis der ganze Teig aufgebraucht ist.

Die Sahne nur knapp steif schlagen. Die Blaubeeren abbrausen und auf Küchenpapier abtropfen lassen. In einer zweiten Pfanne die Beeren kurz in der mit Zucker versetzten Butter schwenken. Pancakes auf vorgewärmten Tellern mit den Blaubeeren und der Schlagsahne anrichten.

Dazu passt das Malzbier von den Pancakes oder ein Kaffee – ganz nach persönlicher Vorliebe.

Apfelkrapfen aus Bierteig

750 g säuerliche Äpfel (z. B. Boskop), 2 Eigelb,
1/8 l Weizenbier, 1 Prise Salz, 125 g Mehl, 2 Eiweiß,
1 kg Frittierfett, 150 g Zucker, Zimt

Die Äpfel schälen, vierteln, vom Kerngehäuse befreien und in kleine Stücke schneiden. Die Eigelbe mit dem Weizenbier, 1/8 Liter Wasser und Salz schaumig rühren, dann das Mehl zugeben und unterrühren. Die Eiweiße schaumig schlagen und vorsichtig unter die Teigmasse heben, zum Schluss die Apfelstückchen untermischen.
In einer Fritteuse oder einem großen Topf das Fett erhitzen. Es ist heiß genug, wenn an einem hölzernen Kochlöffel Bläschen aufsteigen. Nun mit einem Esslöffel vom Teig kleine Krapfen abstechen, in das heiße Fett gleiten lassen und goldbraun backen, dabei ab und zu mit einer Gabel wenden. Mit einer Schaumkelle herausheben und auf einem Teller mit Küchenpapier abtropfen lassen. Zucker und Zimt mischen und die noch heißen Apfelkrapfen darin wälzen. Die Krapfen etwas abkühlen lassen und dann servieren. Wer mag, reicht noch Vanillesauce dazu.

Mutige trinken ein Export dazu, ich ziehe einen Kaffee vor …

Bierwaffeln mit Preiselbeer-Sahne

1/2 l Milch, 1 TL Zimt, 1/4 TL Salz,
3 Päckchen Vanillezucker, etwa 3 TL Speisestärke,
160 ml helles Bier, 220 g Mehl, 200 g Preiselbeeren aus dem Glas,
neutrales Öl zum Backen, 1 Päckchen Sahnesteif,
2 TL Zucker, 200 ml kalte Sahne

Die Milch mit Zimt, Salz und Vanillezucker in einen Topf geben und erhitzen. Zwei Drittel der in etwas Wasser angerührten Stärke mit dem Schneebesen einrühren und 30 Sekunden unter Rühren köcheln lassen, dabei sollte die Flüssigkeit etwas eindicken. Das Bier zugießen, den Topf vom Herd nehmen und die Masse etwas abkühlen lassen. Dann nach und nach das Mehl zugeben und alles zu einem cremigen, klümpchenfreien Teig verrühren. Die Preiselbeeren in einem zweiten Topf erhitzen und mit der restlichen angerührten Speisestärke andicken. Das Waffeleisen auf Stufe 3 aufheizen, mit Öl einfetten und goldgelbe Waffeln aus dem Teig backen. Die fertigen Waffeln auf einem Kuchengitter abkühlen lassen. Sahnesteif und Zucker vermischen, die Sahne schlagen und kurz bevor sie steif wird Zucker und Sahnesteif einrieseln lassen. Nun jeweils 2 Waffeln nehmen, erst auf jede etwas Schlagsahne und dann 1–2 Esslöffel Preiselbeeren verteilen und die beiden Waffeln übereinander geklappt servieren.

Die Bierwaffeln schmecken auch einfach mit Puder- oder Zimtzucker bestreut sehr gut.

Glossar

Ale · Englisches obergäriges Bier. Das kupferfarbene Ale ist stark gehopft und schmeckt recht bitter. Weniger bitter ist das dunklere Mild Ale.

Alkoholarmes Bier · Um diese Bezeichnung zu tragen, muss der Alkoholgehalt des Bieres unter 1,5 Vol.-% liegen. Auch als „Light Bier" im Handel.

Alkoholfreies Bier · Weniger als 0,5 Vol.-% Alkoholgehalt sind für ein Bier vorgeschrieben, um so bezeichnet werden zu dürfen. Bei seiner Herstellung wird der Gärprozess früh unterbrochen oder der Alkohol später entzogen.

Alt · Ein obergäriges, kupferfarbenes Vollbier aus dem Rheinland. Es heißt so, weil es wie früher, nach „alter" Art gebraut wird, also wie zu einer Zeit, als es noch keine Kühlmaschinen gab. Traditionell wird es im typischen Altbierglas, einem kurzen 0,2-Liter-Glas mit geraden Wänden, ausgeschenkt.

Berliner Weiße · Ein Weizenbier (siehe dort) aus Berlin mit einem Weizenanteil von 25–70 %, einer Stammwürze (siehe dort) von 7–8 Grad und einem Alkoholgehalt von unter 3 Vol.-%. Es wird untergärig gebraut, ist hell und mild. Das erfrischende Flaschenbier schmeckt am besten mit einem Schuss Himbeer- oder Waldmeistersirup aus dem typischen schalenförmigen Weiße-Glas.

Bierbad · Ein Bad im Bierbottich ist ein beliebtes Wellnessangebot und tut der Haut sehr gut (siehe Kap. Bier und Gesundheit S. 13).

Bierdeckel · Der Name verrät schon, dass die Untersetzer Ende des vorletzten Jahrhunderts eigentlich erfunden wurden, um das Bier frisch zu halten. Zunächst aus Filz, später aus Pappe oder Karton hergestellt, wurden sie ab 1906 bedruckt und entwickelten sich bald zum begehrten Sammelobjekt.

Bieressig · Eine bayrische Essigspezialität mit teilweise ausgeprägt malziger Biernote, würzt vor allem Saucen und deftige Salate.

Bierflecken · Sie sind völlig harmlos und lassen sich

mit etwas warmem Wasser rückstandslos auswaschen.

Bierkäse · Ein ursprünglich nur im Allgäu hergestellter halbfester Schnittkäse, der gut zu Bier passt, jedoch keines enthält. Er ist auch als Weißlacker bekannt.

Bierschinken · Wie bei der Bierwurst handelt es sich hierbei um eine Wurstspezialität, die gut zu Bier schmeckt, aber nicht damit hergestellt wird.

Blume · Die Bezeichnung für die Schaumkrone auf einem frisch gezapften Bier. Andere Namen sind Borte, Haube, Hut, Kappe oder Krone.

Bockbier · Ein untergäriges helles oder dunkles Starkbier mit mindestens 16 Grad Stammwürze (siehe dort) und aromatischem Geschmack. Mit etwa 600 Kilokalorien pro Liter einer der gehaltvollsten Gerstensäfte überhaupt.

Dampfbier · Ein nach einem alten Verfahren mit obergäriger Hefe und erhöhter Gärtemperatur gebrautes Bier, das beim Anstich „Dampf ablässt", weil aus dem Lagerfass hoher Druck entweicht.

Diätbier · Bier mit reduziertem Kohlenhydratgehalt, das für Diabetiker geeignet ist. Es sollte nicht mit alkoholarmem Bier verwechselt werden.

Doppelbock · Ein Starkbier mit mindestens 18 Grad Stammwürze (siehe dort) und etwa 5,7 Vol.-% Alkohol (siehe Bockbier).

Dunkles Bier · Es entsteht, wenn beim Brauen dunkles Malz verwendet wird. Es wird länger und heißer getrocknet als Malz für helles Bier.

Einfachbier · Nach deutschen Richtlinien eines von vier Biergattungen, die nach Stammwürze (siehe dort) und Alkoholgehalt unterschieden werden (siehe Schankbier, Vollbier und Starkbier). Es hat eine Stammwürze zwischen 2 und 5,5 Grad und einen Alkoholgehalt zwischen 0,5 und 1,5 Vol.-%.

Export · Ein untergäriges, süffiges Bier, das für den Export ins Ausland erfunden und dort unter Lagerbier (siehe Lager) bekannt wurde. Das nur mäßig gehopfte Bier mit etwa 5 Vol.-% Alkohol gibt es hell bis dunkel. Besonders beliebt bei Frauen.

Gambrinus · Bierkönig und oberster Ritter vom Bier, im 16. Jh. König von Flandern und Brabant. Gambrinus rühmte sich, das Bierbrauen erfunden zu haben.

Gerste · Speziell kultivierte Arten der Sommergerste können als Braugerste verwendet und zu Gerstenmalz verarbeitet werden. Neben Wasser, Hopfen und Hefe gehört Getreide (in der Regel Gerste, aber auch Weizen und andere) zu den vier Grundbestandteilen des Bieres. Deshalb wird Bier auch als Gerstensaft und Gerstenkaltschale bezeichnet.

Goldbier · Ein bernsteinfarbenes Trendbier mit süffigem Geschmack, das den mexikanischen Bieren nachempfunden ist. Es schmeckt besonders jungen Erwachsenen, insbesondere Frauen.

Grünes Bier/ Jungbier · So wird das fertige Bier genannt, wenn es aus dem Gärkeller kommt. Es muss jedoch noch einige Zeit nachgären.

Hefeweizen · Ein obergäriges helles Bier, das mit einem mindestens 50%igen Anteil von Weizen (siehe Weizenbier) gebraut wird und den zweiten Gärvorgang in der Flasche durchläuft. Es ist erfrischend, mild und durch seinen Hefeanteil leicht trüb. Es wird in Bayern auch Weißbier genannt.

Hopfen · Die Fruchtzapfen der weiblichen Hopfenpflanzen geben dem Bier sein würziges, herbes Aroma. Außerdem stabilisieren sie den Schaum des Bieres und machen es haltbarer. Wer Bierdurst hat, fühlt sich manchmal „unterhopft".

Klosterbier · Ein dunkles, malziges, in Klöstern gebrautes Bier, das den Mönchen in der Fastenzeit vor Weihnachten und Ostern gegen den Hunger half, ohne dass sie ihr Fasten brachen.

Kölsch · Ein obergäriges, hellgoldenes Vollbier, das nur in bestimmten Brauereien in und um Köln gebraut werden darf. Traditionell wird es in der typischen „Kölner Stange“ serviert, einem schmalen 0,2-Liter-Glas mit geraden Wänden.

Kristallweizen · Ein klares Weizenbier, das mit einem mindestens 50%igen Anteil von Weizen (siehe Weizenbier) gebraut wird und den zweiten Gärvorgang in der Flasche durchläuft. Vor dem Abfüllen in Flaschen wird die darin enthaltene Hefe herausgefiltert, so dass es „kristallklar“ ist. Es wird auch Champagner-Weizen genannt.

Lager · Ein untergäriges Vollbier (siehe dort), lagerte früher einige Monate im Keller, bevor es in den Ausschank kam. Es ähnelt einem Export (siehe dort).

Maibock · Ein extra für den 1. Mai gebrautes Bockbier (siehe dort).

Malz · Es ist beim Bierbrauen – wie die Traube bei der Weinherstellung – der Ausgangsstoff für einen vergärbaren Zucker. Verwendet werden vor allem Gerstenmalz und Weizenmalz. Das Malz verleiht dem Bier je nach Mälzverfahren (Einweichen, Keimen, Fermentieren, Trocknen, Säubern) einen speziellen herben Geschmack. Gerstenbiere werden ausschließlich unter Verwendung von Gerstenmalz hergestellt, Weizenbiere aus mindestens 50 % Weizenmalz und dem Rest Gerstenmalz.

Malzbier · Ein obergäriges Bier mit einer Stammwürze (siehe dort) von 7 Grad, einem Zuckeranteil von 13 % und einem Alkoholgehalt von 0,5–1,5 Vol. Es ist dunkel, süß, hat ein starkes Malzaroma und ist sehr gehaltvoll.

Mexikanisches Bier · Meist handelt es sich hierbei um ein helles Lagerbier (siehe dort), das (mit einem Limettenschnitz versehen) direkt aus der Flasche getrunken wird.

Molle · Eine traditionelle Berliner Bezeichnung für Bier.

Münchner · Ein untergäriges und süß-malziges Bier, das vor allem in der bayrischen Landeshauptstadt sowohl als „Dunkles“ als auch als „Helles“ ausgeschenkt wird.

Obergäriges Bier · Es wird in einem speziellen Verfahren und mit einem bestimmten Hefetyp gebraut. Dabei steigt die Hefe nach der Gärung an die Oberfläche und bildet einen Schaum. Dies war vor der Erfindung des untergärigen Verfahrens im 15. Jh. und dessen Anwendung in der industriellen Produktion, die Kühlvorgänge erfordert, die gängige Braumethode. Obergärige Biere sind Weizen- bzw. Weißbiere, Altbier und Kölsch, englische Ales, Porters und Stouts (siehe Einführung S. 9).

Pils · Ein im Falle von hellem Pils stark gehopftes, kristallklares, untergäriges Vollbier (siehe dort) mit weichem Schaum. Dunkles Pils ist nur leicht gehopft. Pils wird oft in Tulpen ausgeschenkt, weil es in dieser Glasform eine besonders schöne Schaumkrone (Blume, siehe dort) erhält.

Porter · Traditionelles obergäriges, dunkelbraunes und stark gehopftes Bier aus England, das früher besonders von den Lastenträgern (Porters) getrunken wurde (siehe obergäriges Bier) – daher der Name.

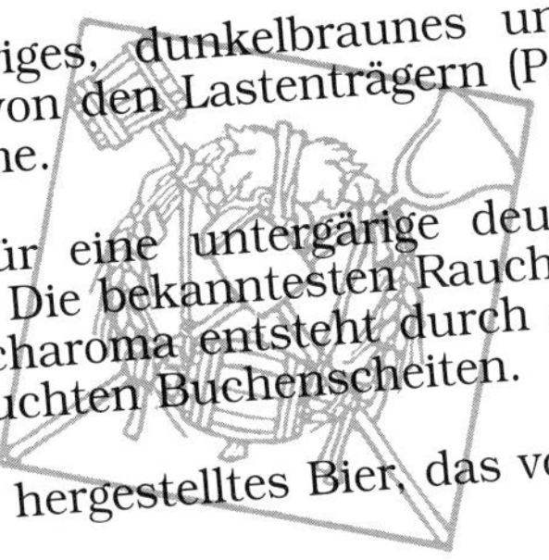

Rauchbier · Die Bezeichnung für eine untergärige deutsche Bierspezialität mit einem Alkoholgehalt von ca. 4,5 Vol.-%. Die bekanntesten Rauchbiere werden in Bamberg produziert. Ihr charakteristisches Raucharoma entsteht durch das Räuchern einer Vorstufe der Braugerste (siehe Gerste) über feuchten Buchenscheiten.

Reisbier · Ein zum Teil mit Reis hergestelltes Bier, das vor allem in Südost- und Ostasien getrunken wird.

Schankbier · Nach den deutschen Richtlinien eines von vier Biergattungen, die nach Stammwürze (siehe dort) und Alkoholgehalt unterschieden werden (siehe Einfachbier, Vollbier und Starkbier). Es hat eine Stammwürze von 7–8 Grad und einen Alkoholgehalt von 0,5–2,6 Vol.-%. Ein bekanntes Beispiel für ein Schankbier ist die Berliner Weiße.

Schwarzbier · Im Mittelalter war dies die Bezeichnung für dunkles Starkbier (siehe dort) mit hohem Malzgehalt. Es erfährt heute als untergäriges Vollbier (siehe dort) eine Renaissance.

Stammwürze · Sie bezeichnet beim Bierbrauen den Anteil der aus Malz (siehe dort) und Hopfen (siehe dort) im Wasser gelösten Stoffe vor der Gärung. Die Stammwürze hat für die Bierherstellung dieselbe Bedeutung wie der Most für die Weinherstellung. Vereinfachend gesagt wird durch die alkoholische Vergärung mittels Hefe im Weinkeller aus Most Wein und in der Brauerei aus Stammwürze Bier. Die Stammwürze liegt bei Bieren zwischen 2 (Einfachbier) und 28 Grad (Starkbier).

Starkbier · Nach deutschen Richtlinien eine von vier Biergattungen, die nach Stammwürze (siehe dort) und Alkoholgehalt unterschieden werden (siehe Einfachbier, Schankbier und Vollbier). Es hat eine Stammwürze zwischen 16 und 28 Grad und einen Alkoholgehalt zwischen 5 und 10 Vol.-%. Zu den Starkbieren gehört beispielsweise das Bockbier (siehe dort).

Untergärige Biere · Es wird unter Verwendung bestimmter Hefen in einem speziellen Verfahren hergestellt, das kühle Temperaturen zwischen 4 und 9 °C erfordert. Früher nur im Winter gebraut, haben die untergärigen Biere seit Erfindung der Kältemaschine den obergärigen Bieren den Rang abgelaufen. Beispiele sind Lager, Pils und Export, die sich zudem länger lagern lassen.

Vollbier · Nach deutschen Richtlinien eine von vier Biergattungen, die nach Stammwürze (siehe dort) und Alkoholgehalt unterschieden werden (siehe Einfachbier, Schankbier und Starkbier). Es besitzt eine Stammwürze zwischen 11 und 14 Grad und einen Alkoholgehalt von 3–4,5 Vol.-%. Kölsch ist beispielsweise ein Vollbier.

Weißbier · Bayrische Bezeichnung für Weizenbier (siehe dort).

Weizenbier · Ein mit viel Kohlensäure hergestelltes, obergäriges Bier, das aus mindestens 50 % Weizenmalz hergestellt sein muss (der Rest ist Gerstenmalz). Es schmeckt leicht säuerlich und heißt in Bayern auch Weißbier.

Verzeichnis der Rezepte

Mit Bier gemixt oder gemischt

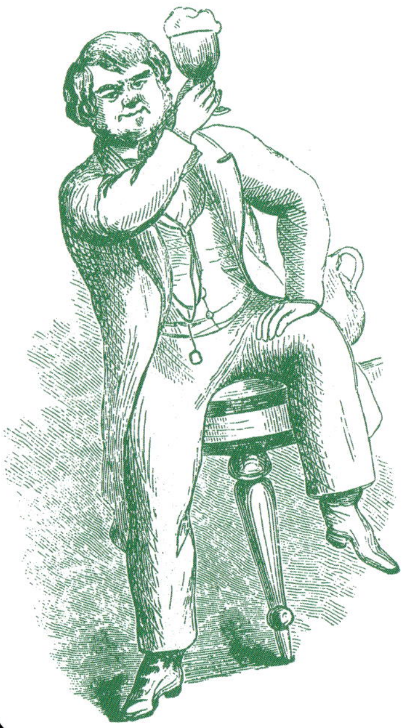

Das passt zum Bier

Kochen mit Bier

uran allennthalben

auf dem lannde/auch in vnsern

da deßhalb hieuor kain sonndere ord

haelis bis auf Georij/ain maß oder ain kopf

ien pfenning müncher werung/Vnd von sant

g/bis auff S.Michaelis/die maß über zwen pfen

lben werung/vnnd derennden der kopf ist/über

er/bey nachgesetzter Pene/nicht gegeben noch au

chennckhe sol werden. Wo auch ainer nit Mertzñ/

annder Pier prawen/oder sonnst habñ würde/so

ch das/kains wegs höher. dañ die maß vmb ainen

g schennckhen/vnd verkauffen. Wir wöllen auch

ichen/das füran allenthalbñ in vnsern Stettñ/M

onnd auf dem Lannde/zů kainem Pier/merer stu

allain Gersten/hopffen/vnd wasser/genomen

ht sölle werden. Welher aber dise vnnsere ord

ich überfarñ vnd nit hallten würde/dem

dbrigkait/dasselbig vas pier/zůstra

geschicht/genomen werden